# LIBERTOS
## PELO PERDÃO

MARCIAL JARDIM

# LIBERTOS
## PELO PERDÃO

Aliança

1ª edição, 2ª reimpressão, maio/2013, do 9º ao 11º milheiro

---

**Título**
Libertos Pelo Perdão

**Autor**
Marcial Jardim

**Revisão**
Arlete Genari

**Diagramação**
Thaís Sandroni Mota

**Capa**
Thaís Sandroni Mota

**Impressão**
Vida & Conciência Gráfica e Editora Ltda.

---

**Ficha Catalográfica**

*Dados Internacionais de Catalogação na Publicação (CIP)*
*(Câmara Brasileira do Livro, SP, Brasil)*

Jardim, Marcial
Libertos Pelo Perdão/ Marcial Jardim. --
São Paulo : Editora Aliança, 2012.

**ISBN: 978-85-88483-86-6**

1. Espiritismo 2. Romance espírita I. Título.

12-12842 CDD-133.9

---

**Índice para catálogo sistemático:**

1. Romance espírita psicografado : Espiritismo 133.9

---

**Editora Aliança**
Rua Major Diogo, 511 - Bela Vista - São Paulo - SP
CEP 01324-001 | Tel.:(11) 2105-2600 | Fax: (11) 2105-2626
www.editoraalianca.com.br | editora@editoraalianca.com.br

# SUMÁRIO

# Parte 1

# Capítulo 1

O sol tão logo se despedira daquelas plagas, eis que a Lua, como se lhe houvesse pedido permissão, adentrasse, triunfante, naquele cenário sideral, iniciando o seu passeio por entre nuvens esparsas, iluminando com o seu manto prateado os campos viçosos e floridos daquela região do sul da Itália.

Miríades de estrelas cintilantes como que a cortejavam, realçando a beleza do firmamento que lhe servia de passarela para que, graciosamente, pudesse por ela desfilar, encantando a todos aqueles que lhe dirigiam o olhar.

Uma tênue brisa acariciava aquela região, tentando suavizar o rastro de calor que o astro-rei, há pouco, houvera deixado.

Em luxuosa residência, rodeada por exuberante jardim, os integrantes de abastada família se encontravam reunidos, acompanhando, ansiosos aqueles que seriam os últimos momentos da gravidez de Antonella.

A gestante e seu esposo Marcelo, contando respectivamente, vinte e vinte duas primaveras, ali residiam, juntamente com Amadeo e Clélia, pais da futura mamãe.

Quando as badaladas do relógio da suntuosa sala de estar anunciavam a chegada das 20 horas, Antonella passara a sentir as primeiras contrações, prenunciando que o sublime e tão aguardado momento do parto estava próximo.

Amadeo, senhor de muitas posses, preocupado com a gestação da delicada Antonella, desde o oitavo mês da sua gravidez contratara os serviços de Assunta, conceituada e experiente parteira, remunerando-a regiamente para que acompanhasse até que o bebê viesse à luz, precavendo-se, assim, de qualquer imprevisto que, porventura, viesse a ocorrer.

Assim sendo, Assunta, desde então, hospedara-se na residência da família Levy, atendendo e acompanhando a jovem gestante com toda a presteza e dedicação.

Duas horas haviam passado desde o início das contrações quando, enfim, Antonella tornara-se mãe, ilustrando no semblante a alegria inenarrável que, comumente, visita essas maravilhosas criaturas nesses inesquecíveis e sublimados instantes de doação e intenso amor.

Após os primeiros cuidados que Assunta ministrara ao pequenino Giancarlo, carinhosamente o colocara nos braços de Antonella, que o acolhera com indescritível ternura, como se estivesse abrigando em seu regaço um anjinho que descera do céu para fazer-lhe doce companhia, enfeitando-lhe a vida.

Os avós e o jovem papai, radiantes, nem uma só sílaba conseguiram pronunciar através dos seus lábios empalidecidos pelas emoções que desfrutavam, deixando, tão só, que as lágrimas da felicidade extravasassem dos seus olhos, percorrendo suas faces, materializando os sentimentos do mais puro amor que transitavam na intimidade das suas almas.

Assunta, por sua vez, demonstrava, através de um largo sorriso, a alegria que também a viera visitar por ter, uma vez mais, bem cumprido com a sua augusta missão, trazendo ao mundo mais uma criança que, por certo, haveria de envolver aquela reduzida família com os eflúvios perfumosos do amor incondicional.

Antonella, encaminhando seu doce olhar em direção ao esposo e aos seus pais, deixara que duas cristalinas lágrimas deslizassem pelo seu rosto, traduzindo as singelas emoções que, naqueles inolvidáveis momentos, seu coração de mãe vivenciava.

A seguir, estendendo-lhes os braços, como que pedindo-lhes para dela se aproximarem, pois, com eles, queria compartilhar aqueles incomparáveis momentos, com a voz trêmula, lhes dissera, emocionada:



— De todo o meu coração, quero agradecer-lhes por tudo e por tanto que, por mim, incondicionalmente, fizeram.

Quinze minutos depois, direcionando o seu olhar para o alto, com a alma em verdadeiro êxtase, continuara:

— Nestes momentos de tão intensos sentimentos, até então, por mim desconhecidos, venho ao Seu encontro, Pai de infinito amor, para agradecer-Lhe pela confiança que em mim e que em todos nós depositastes, presenteando-nos com Giancarlo, certo de que haveremos de nos empenhar, sem esmorecer, para acompanhá-lo nesta jornada terrena que apenas está iniciando, esmerando-nos para que ele venha, no seu amanhã, a tornar-se um homem de bem.

As emoções e as lágrimas se mesclaram num conluio de sentimentos, transformando-se na tônica daqueles momentos, colocando um ponto final naquele inolvidável episódio.

Todos os componentes da família Levy, bem como Marcelo, eram judeus, mantendo a este respeito a mais absoluta discrição, como se estivessem prevendo, se assim não agissem, desagradáveis consequências futuras.

Amadeo, à custa de muito trabalho e dedicação, tornara-se um bem-sucedido comerciante de tecidos e tapetes, pautando sua vida pela honestidade nos negócios e pelo respeito que demonstrava por todo o ser humano com o qual mantinha qualquer tipo de relacionamento.

Clélia, por sua vez, tendo recebido rígida e esmerada educação dos seus pais, assim também agia. Com respeito à filha Antonella, era sua acompanhante e confidente, assistindo-a em tudo aquilo a que se propunha ou necessitava, sem, porém, deixar-se envolver pelos seus caprichos, próprios da juventude. Mantinha-se sempre atenta e vigilante a este respeito, convicta de que a vida não se reduz a sonhos e superficialidades mas sim, de realidades, por vezes cruéis, difíceis de serem analisadas e compreendidas; todavia, só assim pensando e agindo é que haveria de desfrutar o doce aroma da paz.

Antonella, desde cedo, externava em suas palavras, atitudes e ações, a bondade que transitava pela sua alma, virtudes estas que, aliadas a sua beleza lirial, com a qual o Pai de infinita misericórdia a premiou, impactavam a todos aqueles que dela se aproximavam, tornando-os, a partir de então, cativos da sua terna pessoa.



Quanto a Marcelo, órfão desde os 18 anos, sempre fora uma figura humana honesta, responsável e respeitadora, dedicando-se, logo cedo, aos estudos, visando um dia vir a desfrutar um futuro digno e tranquilo junto aos seus queridos.

Amadeo, experiente e observador, logo notara essas qualidades de Marcelo, convidando-o, oportunamente, para vir a trabalhar consigo, a fim de que, aos poucos, fosse substituindo-o na gerência dos seus negócios, poupando-o dos encargos que, até então, lhe diziam respeito.

Quanto a Giancarlo, aos poucos, fora demonstrando ser uma criança sensível, amorosa, afeita aos afagos e carinhos dos seus queridos, aos quais retribuía com a mesma frequência e intensidade, enriquecidos pelos tesouros da inocência.

Gradualmente, seus pais e avós, radiantes, foram se conscientizando de que Giancarlo apresentava pendores para a música, pois, mesmo quando se encontrava entretido nos folguedos próprios da idade, ao identificar os acordes de alguma composição musical, deixava aqueles de lado, pondo-se como que a saborear a melodia que penetrava em seus ouvidos, passeando alegremente pelas veredas da sua alma sensível, fazendo-a usufruir momentos do mais singelo enlevo.

Assim sendo, seus pais sentiram-se estimulados a contratar um professor de música, esperançosos de que o menino viesse a desenvolver e aprimorar o potencial artístico de que era possuidor.

Assim fora feito.

Com o passar do tempo, a cada aula ministrada, Bartolo, o dedicado e competente professor, mais se encantava, admirado pela destreza, sensibilidade e talento que Giancarlo ilustrava ao dedilhar as teclas do piano que elegera como sendo seu instrumento musical preferido.

Ao tomar conhecimento de que seu talentoso aluno, em breve, completaria 8 anos e que seus pais pretendiam comemorar a data convidando parentes e alguns poucos amigos, entre os quais, ele próprio, para juntos vivenciarem felizes momentos, sentiu-se motivado a conversar a este respeito com Marcelo e Antonella.

Sendo assim, oportunamente, mantivera com o casal sugestivo diálogo, durante o qual expusera o seu desejo de preparar um número musical para que Giancarlo, na data do seu aniversário, o apresentasse aos convidados, brindando-os com a precocidade do seu notável talento.



Impactados com o que o confiante professor lhes acabara de propor, de pronto concordaram com a inesperada e palpitante sugestão.

Tendo recebido o entusiasmado aval do casal, o simpático e competente professor pusera em prática a sua sugestão, passando a ministrar ao genial menino o treinamento adequado e mais intensivo para que, na oportunidade aventada, ele estivesse devidamente preparado para apresentar uma impecável performance, encantando a todos os convidados que na ocasião estariam presentes.

Antes disto, conversara longamente com Giancarlo, preparando-o psicologicamente para o evento, não só enaltecendo, com a devida discrição, suas qualidades musicais, como também demonstrando toda a confiança que ele, como seu professor, depositava em seu talento, motivando o menino a aceitar e absorver o impacto do inesperado convite, com a devida coragem e segurança, o que conseguira de imediato.

Os dias corriam céleres pela estrada do tempo, quando a data tão aguardada, enfim, chegara, acompanhada pela ansiedade e apreensões características dessas ocasiões.

O luxuoso solar da família Levy se encontrava finamente decorado, evidenciando o bom gosto e o requinte dos anfitriões.

Os convidados, trajados com insofismável apuro, enfeitavam os salões da refinada mansão, entretidos nas mais diversas conversações, enquanto saboreavam as apetitosas iguarias, acompanhadas por refrescos e pelos alcoólicos que lhes eram servidos com comedida frequência e fartura.

Em aconchegante, florido e bem decorado jardim de inverno, separado dos demais convivas, o casal Nestore e Alessia D'Angelo dialogavam.

Ele, contando 35 anos, já ocupava significativa posição no exército italiano, graças à inquestionável dedicação às funções que desempenhava, pautando sua carreira militar pela responsabilidade ímpar de bem servir ao país.

Ao longo dos anos, tornara-se conhecido pela prepotência, ansiedade e frieza com que tratava os seus subordinados, tornando-se temido por todos aqueles que se encontravam sob seu comando e, por consequência, por muitos deles, também, odiado.

Alessia, sua esposa, era uma criatura sensível, meiga, pacienciosa, dedicada integralmente ao marido e ao filho Bruno que, na época, contava com a mesma idade de Giancarlo e, do qual, tornara-se colega de estudos, frequentando, ambos, o mesmo e renomado colégio.



Submissa à personalidade marcante e ditatorial de Nestore, Alessia, muitas vezes, calava-se frente as suas argumentações arrogantes e, por vezes, até agressivas, acolhendo, resignada, suas imposições, evitando, assim, os conflitos que poderiam vir a desgastá-los, prejudicando o futuro familiar.

Bruno, por sua vez, era uma criança educada, estudiosa, bastante carinhosa para com a mãe, sendo, por ela, sempre acolhida em suas espontâneas manifestações. Quanto ao pai, por ele deixava-se influenciar, mostrando-se mais comedido, receoso em, por qualquer motivo, vir a desagradá-lo e dele receber alguma crítica ou mesmo reprimenda.

O menino, apesar de não demonstrar qualquer pendor musical, a pedido de Alessia, também se tornara aluno do professor Bartolo que, apesar de muito esforçar-se para nele despertar o interesse pela música, quase nenhum progresso conseguira a este respeito, para a sua própria frustração.

Nestore, perspicaz, acostumado a criticar com visível soberbia a tudo e a todos que não lhe compartilhassem os pontos de vista, não possuía amigos, tendo como constante companhia seu petulante egocentrismo.

Na ocasião, incomodado com o sucesso de que o evento se revestia e para o qual sua família fora, gentilmente, convidada a prestigiar, envenenado pela inveja que, impassível, transitava pelo íntimo da sua alma distanciada dos ensinamentos de Jesus, com insofismável arrogância e desdém, assim sussurrara aos ouvidos da esposa:

— Quanto luxo, quanta ostentação que, a meu ver, somente o dinheiro fácil e, quiçá, desonesto é capaz de proporcionar.

Alessia, intentando amenizar o conteúdo do diálogo que apenas iniciava, dirigira, carinhosamente, seu olhar para o impulsivo esposo, dizendo-lhe com a costumeira doçura:

— Querido, hoje é o aniversário de Giancarlo, o único filho do casal, sendo, portanto, justificável que seus pais e avós se esmerassem para bem recepcionar os convidados, cuidando de todos os detalhes para que a celebração seja coroada de êxito, a fim de que todos os presentes possam guardar em suas lembranças os bons momentos que aqui desfrutaram. Tenho a certeza de que assim também haveremos de proceder, por ocasião do aniversário do nosso filho.

Nestore silenciara, não dando prosseguimento ao diálogo, fazendo com que Alessia deduzisse que o esposo havia concordado com o que acabara de dizer.

De fato, o austero militar acalmara-se, antegozando o momento aventado pela esposa em que teria o ensejo de igualar-se ou mesmo sobrepujar em requinte e bom gosto os Levy, alimentando, ainda mais, o seu ego insaciável.

Todavia, tal celebração não se concretizaria, pois, na data do seu aniversário, Bruno se encontrava enfermo, impossibilitando sua realização. Como consequência, o orgulhoso e descabido confrontamento jamais ocorrera, projetando-se nas águas profundas do esquecimento.

Súbitamente, os pensamentos de Nestore foram interrompidos pela voz do professor Bartolo, convidando a todos os presentes para se dirigirem ao salão principal, pois uma agradável surpresa os aguardava, para dali alguns instantes.

Tão logo os convidados se encontravam confortavelmente assentados nas finas poltronas e cadeiras existentes no local, o professor, retomando a palavra, assim dissera:

— É com muita alegria e emoção que me dirijo a todos os senhores e senhoras para comunicar-lhes que, dentro de alguns instantes, o nosso querido aniversariante irá brindá-los com a apresentação de um número musical, na expectativa de que todos venham a compartilhar, com ele, momentos de sensibilidade e deleite.

Em seguida, com simpático e confiante sorriso, convidara Giancarlo para adentrar o salão, no que fora de imediato atendido.

Esforçando-se para controlar as emoções que o assaltavam, o aniversariante adentrara o recinto, conduzido por passos firmes e decididos, ilustrando a autoconfiança de que se fazia acompanhar.

Estacara bem ao lado do piano e, após cumprimentar e agradecer a todos os presentes, assentara-se diante do instrumento musical, colocando suas mãos sobre o teclado.

Em seguida, dirigindo calmamente o olhar para a partitura que se encontrava a sua frente, após brevíssimos instantes de concentração, iniciara a sua apresentação.

Dedilhando as teclas com surpreendente desenvoltura e segurança, Giancarlo fora encantando a seleta plateia presente. Os doces acordes que o piano, totalmente submisso ao menino, emitia, voejavam destemidos pelos espaços da requintada residência, proporcionando a todos usufruir de momentos únicos de mansuetude e sensibilidade, ao mesmo tempo em que discretas lágrimas vieram visitar os olhos dos Levy, delatando as emoções que circulavam pelas suas almas envolvidas pelas teias perfumadas do amor.

Terminada a elogiável apresentação musical, os aplausos e os "bravo!" eclodiram espontaneamente, premiando o genial e dedicado menino pela sua impecável performance.

Enquanto isto, Nestore, contaminado pelo veneno da inveja que, indomável, percorria os recônditos da sua alma saturada de orgulho, passara a sofrer-lhe as consequências nefastas, deixando-as transparecer através dos olhos congestos e do olhar perturbado, assim como do pensamento cético e desarrazoado, destituído do mínimo resquício de bom senso e consideração para com o talentoso Giancarlo.

Alessia, ao contrário, demonstrava estar emocionada com o desempenho do menino, esperançosa de que o seu filho Bruno viesse a seguir-lhe os passos.

Nestore, corroído pela inveja, vendo a alegria e a emoção que a esposa delatava, deixara-se envolver por arrogante irritação, envenenando-se ainda mais.

Sem conseguir deter a ira que dele se apossara, dirigindo, autoritário e ríspido, o olhar para Alessia, como que recriminando-a pelo seu manifesto entusiasmo, permitira que palavras destituídas de bom senso, plenas de insensatez, emergissem dos seus lábios, impulsionadas pelo tom agressivo e inconformado da sua voz, dizendo-lhe, entredentes:

— Contenha seu exagerado entusiasmo. Não ouvi nada de excepcional na referida apresentação, tampouco na performance do garoto.

Alessia, surpreendida pela inesperada, intempestiva e desarrazoada observação do esposo, sentira ímpetos de discordar, todavia conseguira conter seu desejo, mantendo-se, sensatamente, em absoluto silêncio, evitando, assim, dar início ao que seria inadequada e inoportuna conversação.

Logo após a apresentação, muitos convidados, tocados pelo brilhante desempenho do precoce Giancarlo, a ele se dirigiram, enaltecendo-o, não lhe regateando sinceros elogios.

Seus pais e avós, que a curta distância o observavam, delatavam por meio das suas expressões faciais e dos seus sorrisos fartos, a intensa felicidade que transitava, indomável, pelos meandros das suas almas.

Alessia sentira-se movida a seguir o exemplo dos demais, entretanto, ao fazer menção de levantar-se da poltrona para parabenizar Giancarlo, Nestore, de imediato, colocara sua mão sobre a da esposa, segurando-a, como se estivesse a dizer-lhe para permanecer onde se encontrava, controlando o seu arroubo emocional.

Mal disfarçando o constrangimento que viera visitá-la, resignadamente atendera a autoritária e silenciosa imposição do esposo.

Ato contínuo, Nestore, com certa discrição, dissera à esposa em voz quase inaudível, com declarada prepotência e censura:

— Esses judeus são mestres em amealhar dinheiro, todavia não se importam à custa de quem e de que maneira o conseguem. Enchem os bolsos de moedas e depois vangloriam-se da fortuna conquistada, sabe lá como, alardeando-a com visível ostentação, como é o caso desta sofisticada celebração.

Alessia, conhecendo a personalidade despótica do marido, mantivera-se, uma vez mais, calada, não dando continuidade ao que fora um injusto e desagradável monólogo.

Se fosse dizer algo, iria discordar de Nestore e, como consequência, irritá-lo ainda mais, alimentando o mau humor que, sem tréguas, lhe fazia companhia.



Na realidade, os anfitriões eram pessoas queridas por todos aqueles que desfrutavam suas amizades ou que, apenas, tinham a oportunidade de conhecê-los, pois tudo faziam para pautar suas vidas pela justiça, honestidade e cumprimento dos seus deveres e obrigações, assim como pelo espírito fraterno com o qual procuravam envolver suas palavras, atitudes e ações.

Com o passar do tempo, aos poucos, um a um dos convidados fora se despedindo dos anfitriões e do aniversariante, esmerando-se em elogios acerca do evento, assim como da performance do genial menino.

Nestore, pouco antes de se despedir, envolvido pela tradicional petulância que o distinguia, estivesse onde estivesse, dissera à esposa:

—Vamos nos despedir, porém, sem delongas e, tampouco, elogios, para não atiçar ainda mais a vaidade dos Levy.

Alessia nada dissera, permanecendo em total mutismo, entretanto, uma vez mais, reprovava as superficiais, inconvenientes e injustas observações do esposo.

Ao contrário do que Nestore argumentara, os integrantes da família Levy demonstravam ser pessoas educadas, afáveis, ilustrando espontânea simpatia e consideração para com todos, que não conseguiam neles divisar, sequer, uma réstia das desvirtudes que, ao longo do evento, Nestore, teimosamente, ressaltara.

A fim de evitar possível entrevero com o marido, comedida em comentários, Alessia cordialmente se despedira dos anfitriões, agradecendo-os pelo honroso convite que o casal houvera recebido, ao mesmo tempo em que Nestore lhes estendera a mão, despedindo-se também, utilizando-se das palavras de praxe, com artificial e petulante entonação na voz.

Quando a família D'Angelo já se encontrava em casa preparando-se para se deixar abraçar pelo sono, não conseguindo controlar a inveja que o acossava, Nestore dissera à esposa:

— Quanta ostentação, quanta demonstração de riqueza. Eu pergunto a você, Alessia, como será que foi conseguida? Honestamente! Será? Duvido, pois tanto esbanjamento só poderá ser resultante da moeda farta e fácil, obtida à custa de habilidades escusas, censuráveis. Enfim, cada qual é responsável pelos seus atos, cujas consequências somente o futuro dirá.

Não há dúvidas de que o seu último parecer revestia-se de inquestionável verdade. Porém, enceguecido pelo orgulho pertinaz que nublava os olhos da sua alma cativa do desamor, não conseguia nem mesmo vislumbrar que ele próprio se enquadrava perfeitamente no que acabara de dizer e que suas palavras, atitudes e ações destituídas de bom senso e fraternidade, o estavam comprometendo perante o futuro que, certamente, haveria de entregar-lhe, no momento oportuno, o resultado da colheita do que houvera semeado.

Alessia, visivelmente sonolenta, não conseguira dar a devida atenção ao que o esposo dissera e beijando-lhe, carinhosamente, a face, dele se despedira, desejando-lhe uma boa e reconfortante noite de sono. Em seguida, aconchegando-se ao leito, logo adormecera.

Minutos depois, Nestore fizera o mesmo, todavia, o sono demorara para vir ao seu encontro, traduzindo a injusta e desarrazoada inconformação que experimentava devido aos últimos acontecimentos.

Tão logo adormecera, passara a ter um sono conturbado, confuso, fazendo com que, ao despertar, se sentisse cansado, indisposto, com o corpo dolorido, mal-humorado, pelejando consigo mesmo e com todos aqueles que o rodeavam.



Na realidade, durante o sono, o períspirito de Nestore desprendera-se do seu arcabouço carnal, indo, por semelhança vibratória, magnética, ao encontro de entidades afins, bem distantes da seara de Jesus. Com elas convivendo por algumas horas e delas recebendo as emanações nefastas que lhes eram características, seu descanso noturno fora afetado, não conseguindo, assim, usufruir suas benesses.

Colocando-se diante do espelho, fora impactado pela palidez que o seu rosto ilustrava, assim como pelas olheiras profundas que apresentava.

A princípio preocupara-se, entretanto, atribuindo os fatos à noite mal dormida, os colocara na gaveta do esquecimento, dando início a sua costumeira higiene corporal para, em seguida, direcionar-se para o quartel onde as responsabilidades o aguardavam.

No exercício das suas tradicionais atividades militares, era visto como pessoa irritável, injusta, ansiosa e, portanto, mal querida e temida, não só pelos que se encontravam sob suas ordens, como também por aqueles que ocupavam postos hierárquicos semelhantes ao seu, tal a altivez e a arrogância que o identificavam.



De temperamento arredio, intempestivo, insociável, dos seus lábios, habitualmente, emergiam palavras envoltas pela crítica, pela frieza e pelo desdém, ferindo os corações daqueles que com ele se viam obrigados a profissionalmente conviver.

As palavras de elogio e estímulo não faziam parte do seu curriculum e, portanto, com elas, a ninguém presenteava.

Durante todo aquele dia, um incomum e estranho desconforto físico o assediara, fazendo recrudescer o seu habitual mau humor.

Assim sendo, as pessoas que, por força das atribuições, tinham que, com Nestore, manter contato, faziam de tudo para evitar-lhe a presença, na tentativa de esquivarem-se de qualquer tipo de dissabor.

De gênio irascível e introspectivo, não permitia, a quem quer que fosse, qualquer tipo de intimidade, extensiva aos seus próprios familiares, pois temia, se assim agisse, perder a autoridade que tanto prezava e dela se orgulhava.

Por consequência, não possuía amigos com os quais pudesse dialogar descontraidamente, expondo suas dificuldades ou então desfrutando, com eles, bons momentos, ficando à mercê dos seus pensamentos egoístas e dos seus ínfimos conhecimentos espirituais, distanciando-se, a cada dia, das veredas da fraternidade, apartando-se de Jesus.

Ignorando os ensinamentos do Mártir da Cruz, contribuía, com seus despóticos pareceres e procedimentos, para tornar ainda mais áspero o chão dos caminhos daqueles que dele dependessem, comprometendo-se, gradualmente, perante a lei imutável e justa da ação e reação.

Com o passar das horas, o seu indefinido mal-estar se generalizara, intensificando-se, a ponto de fazê-lo ausentar-se das suas tarefas, sentindo-se impelido a retornar para casa, na expectativa de que ali, distante das responsabilidades profissionais que lhe eram destinadas e amparado pelas atenções da esposa, viesse a recuperar-se. Assim fizera.

Lá chegando, após rápidas e concisas palavras trocadas com Alessia, encaminhara-se para o quarto a fim de aquietar-se e, esperava, refazer-se.

Apesar de todo o carinho e atenções que a esposa lhe dedicara, assim como das preparações caseiras que por ela lhe foram ministradas, o seu mal-estar, teimosamente, dele não se apartava.

Durante toda a noite, o seu sono fora conturbado, intermitente, não o deixando, de fato, descansar.

Ao raiar do dia, seu rosto ilustrava a mesma palidez e seu corpo se apresentava dolorido e suarento.

Alessia, ao beijar-lhe a face, como habitualmente o fazia, desejando-lhe um bom dia, assustou-se com a desagradável aparência do esposo, todavia, esforçando-se para não deixar transparecer sua inquietação, lhe dissera, carinhosamente:

— Querido, logo mais entrarei em contato com o doutor Vincenzo, solicitando-lhe a presença, a fim de que venha diagnosticar o seu estranho desconforto e medicá-lo, convenientemente.

Nestore permanecera com os olhos fechados, fazendo com que a esposa deduzisse que o seu silêncio ilustrava sua concordância para com o que acabara de dizer.

Hora e meia mais tarde, o doutor se fizera presente e, após os cumprimentos habituais, passara a examinar o paciente que se mostrava exaurido, desenergizado, à mercê do competente profissional que o assistia.

Após silenciosos minutos de minuciosa observação, o doutor passara a fazer-lhe uma série de perguntas, com o propósito de colher subsídios que o ajudariam a compor o seu diagnóstico.



O enfermo respondera a todas elas, não conseguindo esconder o esforço que fazia para emitir algumas poucas e concisas palavras, tal o estado de depauperamento em que se encontrava.

Depois de enriquecer-se de informações, colhidas também por meio de Alessia, o doutor assim se manifestou:

— Nestore, apesar de todo o meu empenho na avaliação médica que acabei de fazer, não consegui estabelecer um diagnóstico preciso a respeito do mal-estar que o incomoda. Todavia, os meus longos anos de experiência me induzem a pensar de que se trata, apenas, de um desconforto passageiro. Em vista disto, vamos mantê-lo em observação, aconselhando-o, por ora, a procurar se alimentar e a ingerir bastante água, informando-me a respeito de qualquer alteração que venha a ocorrer no seu estado. Caso seja necessário, sem demora, aqui estarei. Amanhã, pela manhã, virei impreterivelmente visitá-lo, na esperança de que o seu quadro clínico apresente melhoras ou então seja mais claro, possibilitando-me, se for o caso, medicá-lo com a devida precisão.

Em seguida, educadamente se despedira, deixando o casal preocupado com o que lhes havia dito.

Durante todo o dia, apesar de seguirem à risca as recomendações médicas, o estado de Nestore mantivera-se inalterado.

Assim, Alessia procurara por meio da oração encontrar o lenitivo que a sua alma, apreensiva, necessitava.

Dirigindo-se, compenetrada, para o jardim de inverno onde a imagem de Jesus ali se encontrava, diante dela se ajoelhara, passando a orar, assim dizendo:

— Mestre do amor e da misericórdia. Nestes momentos em que minha alma se encontra refém da aflição e do medo, venho, humildemente, à Sua presença para pedir-Lhe o perfume da esperança e o alimento da fé que parecem estar se distanciando de mim. Ajude-me a trazê-los de volta ao meu coração, eliminando, de vez, o pessimismo que me rodeia, tentando me abraçar, presenteando-me com a convicção de que o meu querido Nestore em breve se restabelecerá, devolvendo a todos nós a tranquilidade de que necessitamos para dar continuidade às responsabilidades que a vida nos destina.



Após pequena pausa, seus lábios esboçaram leve sorriso, quando, então, dera continuidade a sua prece, dizendo:

— Sinto, Jesus, nestes instantes, que um pulsar diferente e agradável veio visitar a minha intimidade, trazendo de volta as esperanças, acalentando a minha alma, dando-me a certeza de que o meu pedido fora, por Vós, amorosamente atendido e que Nestore, em breve, estará refeito, liberto da estranha e preocupante indisposição que o viera importunar.

Terminada a prece, Alessia retornara ao quarto onde o esposo se encontrava acamado, constatando, feliz, a presença do filho Bruno, bem ao lado do pai, acarinhando o seu rosto, beijando-lhe, em seguida, uma das faces, despertando-o.

O altivo militar, notando o carinho e a preocupação do pequeno para consigo, sentira-se momentaneamente impelido a abraçá-lo e beijá-lo também. Entretanto, fazendo-se acompanhar pela soberbia contumaz, reprimira este seu desejo, acreditando, equivocadamente, que esta sua expansão de afetividade acabaria por delatar seus sentimentos, expondo-os, desnudando a sua intimidade, pautada pelo personalismo, austeridade e frieza.



Assim agindo, distanciando-se da seara dos sentimentos altruístas e fraternais, por ele considerados como sinônimos de fraqueza e de submissão, Nestore perdia, uma vez mais, a oportunidade de vivenciar doces momentos de enlevo e do mais puro amor.

A noite, enfim, chegara, convidando a todos para se recolherem, aguardando que o sono os viesse visitar e, com ele, conseguissem se refazer das experiências vividas ao longo daquele dia, preparando-se para enfrentar o amanhã que se avizinhava.

Antes disso, Alessia acompanhara Bruno até o quarto para, juntos, orarem, como habitualmente o faziam, pedindo ao Pai da Vida saúde para o marido e muita paz e amor para todos.

*Caro Leitor:*

*Não há dúvida de que o Corpo, o Espírito e o Perispírito se constituem nos elementos essenciais que compõem o ser humano.*

*Devido às inquestionáveis diferenças vibratórias entre o Corpo e o Espírito, a infinita sabedoria divina interpôs entre eles o que Kardec denominou de Perispírito, elemento este, vaporoso, sutil, não tão etéreo quanto o Espírito e não tão material quanto o corpo, possibilitando, a ambos, relacionarem-se entre si.*



*O Perispírito envolve o Corpo Carnal e, consequentemente, cada uma das células que o compõe e que, por sua vez, formam os órgãos, músculos, ossos,...*

*Sem dúvida, podemos afiançar que o Períspirito é o molde, e os demais elementos do veículo físico, seus moldados ou suas respectivas réplicas carnais.*

*Durante o transcorrer das nossas jornadas encarnatórias, os sentimentos, desejos, emoções... atributos exclusivos do Espírito, são naturalmente encaminhados ao Perispírito que os acolhe e assimila, enviando-os, em sequência, para o Corpo Físico que os recepciona e os possa manifestar.*

*Simplificando, o Espírito cria o pensamento, o Perispírito o recepciona e o transmite ao Corpo Físico (o cérebro propriamente dito), que o acolhe e o manifesta em forma de palavras, gestos, atitudes, ações...*

*Como cada célula do Perispírito envolve a sua respectiva célula corporal, interpenetrando-a, é inevitável que ambas mutuamente se influenciem, de forma benéfica ou maléfica, dependendo da origem boa ou má dos pensamentos.*

*Tendo em vista estas considerações, é bastante comum que grande parte dos seres humanos, ignorando essas realidades espirituais, acabe atribuindo os corriqueiros incômodos físicos que os venham molestar, muitas vezes passageiros, exclusivamente às variações climáticas, à poluição, ao estresse da vida moderna, aos alimentos, às bebidas e outras tantas razões próprias do mundo material.*

*Em vista destas, por vezes, superficiais avaliações, preocupados com os possíveis desdobramentos que os referidos incômodos possam apresentar, ansiosos, o quanto antes dirigem-se aos consultórios médicos, na expectativa de que esses profissionais venham diagnosticar o distúrbio que os acomete, medicando-os, livrando-os do mal-estar que os vem assediando.*

*Outras vezes, aconselhados ou influenciados por terceiros, automedicam-se, correndo os riscos advindos dessa imprudente iniciativa.*

*Essas criaturas, em grande parte das vezes, sequer se dão ao trabalho de refletir, imaginar ou mesmo desconfiar de que tais mal-estares poderão ter origem em situações anômalas, adversas, impactantes, que horas ou dias atrás tenham experienciado, participado, ou mesmo presenciado e que as desestabilizaram emocionalmente, repercutindo lenta ou rapidamente em seus veículos carnais, neles provocando efeitos danosos, cujas causas se alojaram no imo das suas almas em desalinho.*

*Fora exatamente isto que ocorrera com Nestore, pois, durante a celebração do natalício de Giancarlo, permitira que o sentimento de inveja que, comumente, transitava pela sua intimidade espiritual recrudescesse, a ponto de deixar-se envenenar pelos seus fluídos densos, pegajosos, dando livre acesso para se encaminharem em direção ao seu veículo carnal, desestabilizando-o, fazendo-o adoecer.*



Na manhã do dia seguinte, Nestore despertara melhor disposto, evidenciando que o repentino desconforto físico que o debilitara, dele estava se despedindo, prenunciando que a saúde estava de volta.

Alessia, feliz com o visível restabelecimento do esposo, intimamente atribuindo sua rápida melhora à amorosa intervenção de Jesus, que houvera atendido às suas preces, dispensara o concurso do doutor Vincenzo.

Nestore, todavia, estava convencido de que as recomendações dadas pelo médico foram as únicas razões das suas melhoras.

Na realidade, amigos espirituais que acompanhavam a jornada terrena de cada um dos componentes da família D'Angelo é que, durante a oração que Alessia fizera a benefício do esposo, aproveitaram o ensejo para dar um passe em Nestore, dispersando e eliminando os fluidos deletérios da inveja, aderidos ao seu Perispírito, em inexorável descenso para o seu corpo físico que, obviamente, adoecera.

# CAPÍTULO 2

Os anos foram passando pelas dobras do tempo e, com ele, as experiências e as lições que a vida fora ministrando aos componentes das famílias D'Angelo e Levy.

Antonella e Alessia, assim como Giancarlo e Bruno, demonstravam certa afinidade que, pouco a pouco, se transformara em despretensiosa amizade.

Entretanto, quanto a Nestore e Marcelo, apesar dos pacienciosos esforços que este último empreendera para promover a amizade entre ambos, definitivamente, nada conseguira e, desanimado, desistira do seu intento.

O temperamento orgulhoso, arredio, desconfiado e radical de Nestore não dera chances a Marcelo para uma maior aproximação, como se o competente militar ocupasse um imaginário pedestal de prepotência e superioridade, de difícil acesso aos demais seres humanos que o rodeavam.

Apesar de bem remunerado pelo importante cargo que ocupava nas forças armadas italianas, possibilitando a toda à família D'Angelo desfrutar apreciável padrão de vida, Nestore sentia-se inferiorizado perante os Levy, cujas posses, conquistadas com muito trabalho e honestidade, em muito ultrapassavam as suas, o que o incomodava sobremaneira, permitindo que a inveja o enlaçasse e dele extravasasse, todas as vezes que as referidas famílias se encontravam.



Envolvido pelo véu negro dessa desvirtude, Nestore não conseguia nem mesmo vislumbrar a amizade sincera e despretensiosa com a qual os Levy a todos os seus presenteava, permitindo que a crítica, por vezes ferina, transitasse livremente pelos meandros da sua alma insensível, destinando-a para todos aqueles que não pertenciam ao seu reduto familiar.

Assim agindo, a cada esporádico encontro entre as duas famílias, encharcava-se espiritualmente de maus fluidos que, sutilmente, iam debilitando o seu, ainda, atlético corpo físico, delineando as estradas futuras do seu triste destino.

Cativo da frieza de sentimentos, da inveja e do egocentrismo vivaz, Nestore, aos poucos, fora distorcendo o seu bom senso e o seu discernimento para com as incontáveis nuanças e ocorrências da vida, tornando-se, cada vez mais, uma pessoa de difícil acesso e convívio, e, por muitos, mal querida.

Em vista desse condenável proceder, os componentes da família Levy, prevendo a ocorrência de possíveis constrangimentos futuros, sentiram-se, a contragosto, impelidos a restringir os contatos com os D'Angelo, deixando-os, tão só, para raríssimas ocasiões quando, então, comedidamente se confraternizavam.

Apesar deste impasse, como Bruno e Giancarlo se assemelhavam nos interesses próprios da mocidade, deram continuidade à amizade.

Assim sendo, ambos, com aproximadamente 18 anos, apesar de ainda indecisos quanto à profissão que haveriam de adotar, com o tempo acabaram por optar e seguir caminhos diferentes.

Giancarlo, incentivado pelos seus pais e avós, abraçara a carreira artística, tornando-se, com o passar do tempo, afamado pianista. Bruno, por sua vez, atendendo a veladas imposições paternas, se vira, como que obrigado, a optar pela carreira militar.

Desta forma, devido à desigualdade e dissemelhança das responsabilidades e compromissos que as suas atividades profissionais exigiam, com o passar do tempo, a amizade que os unia fora arrefecendo, permanecendo, porém, no estojo das boas lembranças, até que as imprevisíveis ocorrências que o mundo a todos reserva viessem, quiçá, um dia, a abri-lo, reavivando-a ou extinguindo-a de vez.

Com o passar dos anos, devido às intensas responsabilidades profissionais que assumira e que, dia após dia, se avolumavam, Giancarlo sentira-se impelido a mudar-se para a capital italiana que, na ocasião, representava o centro das atividades culturais e artísticas de todo o país.

Seus pais e avós, preocupados com o novo rumo que a carreira profissional do neto estava tomando, com o propósito de continuarem presentes no seu cotidiano, acompanhando-o na sua palpitante e imprevisível atividade, decidiram fixar residência em Roma, mantendo, porém, a propriedade onde, até então, residiam, para lá se dirigindo de tempos em tempos, a fim de desfrutarem as benesses daquela belíssima região.

Devido ao seu inegável talento, Giancarlo fora convidado a fazer parte da famosa orquestra filarmônica de Roma, tornando-se, com o rápido passar do tempo, o seu principal musicista, encantando as plateias que, ao final das suas empolgantes apresentações, irrompiam em aplausos, premiando-o pela sua, como sempre, magistral interpretação musical.

Certa feita, antes de iniciar um dos costumeiros ensaios musicais, o maestro Aniello, feliz e confiante, apresentara aos seus músicos a mais nova integrante da orquestra que comandava, assim dizendo:

— Há já algum tempo, venho sentindo-me impelido a introduzir mais um violinista em nossa orquestra, com o propósito de dar ainda mais sensibilidade e sentimento às novas peças musicais que pretendo vir a apresentar. Após minuciosas observações e avaliações, é com muita satisfação que apresento Giulia, esta jovem e talentosa violinista. Peço a todos que a recebam com muito carinho, pois, a partir de então, esta bela senhorinha, de penetrantes e delicados olhos verdes, fará parte desta família de reconhecidos músicos.

Dizendo isto, Aniello a chamara para junto de si, abraçando-a como se fora um pai, procurando, assim agindo, colocá-la à vontade, diante dos componentes da afamada orquestra.

Giulia sentira como que uma espécie de calor vir visitar suas faces, enrubescendo-as, delatando as emoções que emergiam da sua alma pura, sensível e delicada.

Educadamente agradecera a simpática e elogiosa apresentação que lhe fora endereçada, dizendo:

—Agradeço a confiança que o maestro Aniello demonstrou depositar na minha modesta capacidade musical. Confesso que muito me empenharei para não decepcioná-lo, tornando-me, no amanhã, a musicista que, gentilmente, disse que já sou.

A simplicidade das suas palavras, aliada à singeleza com que foram pronunciadas e a emoção externada através dos seus olhos, a todos cativara.

Giancarlo, que já se achava assentado diante do piano, mantendo-se em atencioso silêncio com respeito ao que estava sendo dito, sentira, num átimo, sua alma ser enlaçada pela singela beleza e pela modéstia da senhorinha, como se ela, desde aqueles momentos, sem lhe pedir consentimento, suavemente, tivesse se apossado do seu, até então, solitário coração.

Não conseguindo conter a inusitada sensação que o viera visitar, pusera-se de pé e, como se estivesse anestesiado, encaminhara-se em direção à jovem para cumprimentá-la, dando-lhe as boas-vindas, deixando-se abraçar por doce e insólito sentimento do qual se tornara refém.

Exteriorizando, por meio da sua expressão facial e do seu olhar, as emoções que transitavam pela sua alma e por elas encorajado, segurara entre as suas, a delicada mão de Giulia, osculando-a, suave e respeitosamente.

Naquele preciso instante, a jovem experimentara as mesmas sensações que Giancarlo estava sentindo, quando, então, suas faces levemente ruborizaram, ao mesmo tempo em que significativo silêncio a ambos envolvera, fazendo com que os jovens pudessem saborear aqueles agradáveis e inesquecíveis momentos.

Tal fato não passara despercebido ao sensível e observador maestro que, no íntimo do seu ser, sentira que duas almas afins haviam se encontrado no palco da vida, para, juntas, virem a traçar os seus destinos.

Durante os ensaios, as atenções naturalmente convergiram para a nova integrante da orquestra, na expectativa de que viesse corresponder aos anseios de todo o grupo.

Giancarlo, refém do encantamento, esmerara-se na sua performance, colocando em cada nota musical a sua alma sensível, fazendo com que os sons emitidos pelo instrumento que dedilhava percorressem os espaços, soando aos ouvidos de Giulia como se fossem versos de amor para ela dedicados, penetrando, destemidos, nas fibras mais íntimas do seu delicado coração.

Por sua vez, a jovem, presenteada que fora por aqueles instantes de, até então, desconhecida felicidade, superara-se nos ensaios, dominando as cordas do violino com inquestionável confiança e sensibilidade, agradavelmente impressionando a todos.

Entre um número musical e outro, os olhares de Giancarlo e Giulia se entrecruzavam, denunciando os nobres sentimentos que, de forma inesquecível e tão repentina, floresceram em suas almas.

Ao término da última peça musical, o maestro e todos os demais músicos elogiaram a jovem pelo seu impecável ensaio, procurando demonstrar-lhe a confiança que depositavam em seu inquestionável talento.

Giancarlo sentira-se impelido a trocar algumas palavras com Giulia, na tentativa de expressar o seu júbilo pela sua performance e, como consequência, desfrutar um pouco mais da sua dúlcida presença.

Todavia, o maestro Aniello convidou-a para acompanhá-lo até a sua sala, pois gostaria de com ela dialogar, colocando-a a par das obrigações e responsabilidades que estava assumindo perante os músicos, assim como, informando-a a respeito dos ensaios e das futuras apresentações e excursões da afamada orquestra, da qual passara a fazer parte.

Sendo assim, Giancarlo acabara por deixar o local, levando consigo a alegria e a doce expectativa de um novo encontro, previsto para o próximo dia.

Na verdade, as almas de Giancarlo e Giulia já se conheciam de priscas eras e, ao reencontrarem-se no palco da vida, seus mútuos sentimentos afloraram, incontidos, do mais íntimo dos seus corações sensíveis e saudosos, ávidos por vivenciarem, juntos, novas experiências, subindo cada vez mais alto os degraus da evolução.

Quanto a Bruno, aos poucos, fora se deixando influenciar pela marcante personalidade paterna, assumindo-lhe, gradualmente, a postura arrogante e ditatorial. Convencido de que, assim agindo, haveria de conquistar o sucesso na carreira militar que optara por seguir, fora modificando sua forma de ser e de agir, iludido que estava com a possibilidade de um dia alcançar a fama e o poder.

Escorado e protegido pelo alto posto militar que seu pai ocupava, passara a tomar atitudes pouco recomendadas e, por vezes, radicais com os seus colegas de farda, tornando-se, gradativamente, persona non grata no restrito meio profissional em que militava.



Nestore acompanhava de perto o desempenho do filho, acobertando seus exageros comportamentais, regozijando-se, porém, pelo fato de ele estar, aos poucos, colocando em prática os ensinamentos que lhe ministrava.

Certa feita, Bruno fora incumbido de manter a guarda noturna no quartel onde militava, entretanto, tal fato o desagradara, pois, justamente naquela noite, havia marcado um encontro com uma jovem de comportamento pouco recomendável e, pela qual, sentira certa simpatia, pretendendo com ela passar, descompromissadamente, algumas horas.

Sendo assim, procurando safar-se da tarefa que lhe fora designada, tentara junto aos seus colegas algum que o substituísse naquela oportunidade. Entretanto, como havia granjeado a antipatia de todo o grupo de aquartelados, não conseguira o seu intento, vendo-se, a contragosto e irritado, obrigado a desmarcar o encontro que havia programado com a jovem.

O fato o deixara muito contrariado, sentindo-se propenso a desforrar-se do grupo, tão logo surgisse uma oportunidade.

Tempos depois, favorecido pela tendenciosa avaliação do pai, fora guindado a um posto imediatamente superior, quando, então, sentira que a oportunidade tão esperada havia surgido.

Espelhando-se em Nestore, Bruno transformara-se em um jovem prepotente, radical e extremamente devotado à farda que vestia, passando a exibi-la como se fosse um troféu, tornando-se, gradualmente, temido pelos seus subordinados.

Seguindo robotizado os egoístas aconselhamentos que o pai lhe fora ministrando, convencera-se de que haveria de galgar os degraus da hierarquia, ocupando, no tempo oportuno, um lugar de destaque no exército. Tal pensamento, aos poucos, se transformara no ponto de convergência dos seus objetivos.

Estribando-se no enganador poder que passara a enredar a sua alma, Bruno, sem comiseração, obrigava os seus comandados a executar tarefas difíceis, prolongadas, fazendo-os chegar ao ponto de exaustão, sentindo-se, assim, vingado, junto a todos aqueles que, tempos atrás, lhe negaram a colaboração.



Em uma dessas ocasiões, um soldado, exaurido em suas forças, desmaiara, projetando-se ao solo, preocupando os demais companheiros de farda, assim como o próprio Bruno.

Imediatamente, os demais colegas do soldado apressaram-se em prestar-lhe o devido socorro, enquanto Bruno lentamente se aproximara, dizendo com a empáfia e a frieza que o caracterizavam, tentando esconder a inquietação que também o enlaçava:

— Joguem água no seu rosto e logo estará refeito.

Assim fora feito, quando, então, o jovem despertara, tranquilizando a todos.

Vendo amainar-se a preocupação que, instantes atrás, o envolvera, Bruno dissera, autoritário:

— Tenham a certeza de que, na tropa que comando, não há lugar para frouxos e preguiçosos. Lembrem-se bem disto.

Tal incidente percorrera com incrível rapidez todos os espaços do quartel, fazendo com que Nestore dele tomasse conhecimento.

Tentando disfarçar a irritação que dele se apossara, horas depois solicitou ao seu imediato que contatasse Bruno, convocando-o para vir ao seu gabinete de trabalho, pois tinha algumas tarefas a destinar-lhe.

Minutos depois, Bruno adentra o local, trazendo no semblante visível preocupação, pois estava consciente de que houvera exagerado em seu procedimento junto à tropa de soldados que comandava.

Com o olhar agressivo e irritado, exteriorizando todo o seu descontentamento para com a atitude desarrazoada que o filho havia tomado junto aos seus comandados, deveras exaltado, Nestore energicamente dissera:

— Onde você está com a cabeça? Saiba que existem olhos atentos em toda parte, observando-nos o comportamento. Qualquer deslize que venhamos a cometer, bem antes do que possa imaginar, todo o quartel tomará conhecimento, condenando, veladamente, o nosso procedimento. Temos de ser enérgicos e determinados junto aos nossos comandados, porém não devemos dar vazão às nossas pendengas pessoais, dando livre acesso aos nossos instintos, fazendo-os proliferarem, prejudicando-nos, comprometendo-nos. Todo soldado aqui aquartelado tem de seguir as regras que, sem dúvidas, são rígidas, severas, porém necessárias para torná-los homens disciplinados, valorosos, para assim poderem defender o solo da nossa pátria. Todavia, devemos ficar atentos para evitar os exageros de conduta, não exigindo dos soldados além das suas forças e capacidades, pois, se assim agirmos, provocaremos o descontentamento e a irritação dos mesmos, o que só nos trará aborrecimentos e preocupações. Desta vez, farei vistas grossas ao ocorrido, não dando qualquer importância ao fato. Entretanto, quero deixá-lo ciente de que, se tal incidente ocorrer novamente, terei de tomar as providências cabíveis, evitando, assim, que o considerem como sendo por mim protegido, apadrinhado.

Bruno, fragilizado, visivelmente desconcertado, não se sentira encorajado a defender-se, mantendo-se em absoluto silêncio, consciente de que havia cometido um desagradável erro de conduta.

Em seguida, após bater a continência de praxe, retirara-se do gabinete de Nestore, levando em seu coração o dorido constrangimento, face à justa admoestação que o seu genitor lhe fizera.

Na realidade, Nestore fora apenas político na sua argumentação para com o filho, repreendendo-o, pois, no íntimo, regozijava-se com a atitude enérgica e frígida que Bruno havia tomado perante os seus comandados, demonstrando estar assimilando, rapidamente, os seus aconselhamentos, os quais, com o passar do tempo, lhe possibilitaria galgar postos de relevância no exército italiano.

Feliz, o orgulhoso pai convencia-se de que o filho, aos poucos, passara a afeiçoar-se à gratificante carreira militar, tal qual com ele também ocorrera.

Na verdade, Bruno estava despertando, em si, o sabor do poder, que, até então, dormitava nos refolhos da sua alma influenciável, desde cedo extasiada com o perfume inebriante e o brilho efêmero das gloríolas do mundo da matéria.

O jovem militar, com avidez, fora assimilando a personalidade austera e carismática do genitor, tornando-se sua réplica perfeita nas palavras autoritárias que emitia, nas atitudes que tomava, nas ações intempestivas, radicais e, por vezes, opressoras que praticava, transformando-se em tirano frio e calculista e, por consequência, odiado e temido pelos seus pares.

Enfim, Bruno mudara completamente o seu perfil pessoal, traçando com as cores agressivas do desamor as linhas do seu destino, comprometendo-se com a lei da ação e da reação, com a qual todos estamos inexoravelmente comprometidos.

# Capítulo 3

Ao despertarem após uma inquieta noite de sono, quando as imagens de um e de outro desfilaram em suas mentes, tanto Giancarlo como Giulia, com os pensamentos dispersos e ainda confusos, conseguiram, enfim, conter a súbita e ao mesmo tempo gostosa ansiedade que os viera enlaçar, motivada pela perspectiva do reencontro que, em breve, se concretizaria no grande salão do teatro onde, costumeiramente, os ensaios eram realizados.

Tão logo seus olhos se encontraram, espontâneos e sinceros sorrisos vieram visitar seus lábios, enfeitando seus semblantes, ilustrando a felicidade que, naqueles instantes, suas almas sensíveis e românticas deixaram extravasar e que, até então, se mantivera reclusa em seus mais íntimos recantos, aguardando, apenas, o momento oportuno para ressurgir com todo o esplendor.

Como se estivessem anestesiados, sem moverem um só milímetro o olhar, aproximaram-se, automatizados, quando, então, sentiram as batidas dos seus corações acelerarem-se, denunciando a ambos que o amor, uma vez mais, triunfara.

Quando suas mãos se tocaram, um suor frio, inesperado e incontido os envolvera, denunciando as mais puras emoções que deles emergiam.



Sem conseguir se conter, Giancarlo suavemente beijara as delicadas mãos da violinista, deixando extravasar, pelo calor dos seus lábios, o turbilhão de sensações que o seu coração experimentava.

Enfim, transitando pelas avenidas da vida, uma vez mais, aqueles Espíritos se reencontraram pelas vias do coração e, de imediato, se reconheceram, propondo-se, mútua e silenciosamente, a darem asas ao doce sentimento que deles se havia apossado, tornando-os cativos, um do outro, caminhando, doravante, com os corações entrelaçados pelas perfumosas veredas do amor.

Enamorados, assistiram, felizes, aos dias e meses percorrerem as estradas do tempo, sentindo estreitarem-se a cada novo instante os laços de afeto que, desde o inesquecível reencontro, os unira.

Durante esse tempo, Delano e Alice Bloch, pais de Giulia, também judeus, vieram a conhecer os pais de Giancarlo, surgindo, entre eles, uma sincera empatia, fazendo-os desfrutar a despretensiosa afinidade que, de pronto, entre eles se manifestara.

A afamada orquestra, constantemente requisitada para apresentar-se em diversas regiões do país, se propora a fazer uma grande tournée pela Itália, brindando, assim, os exigentes apreciadores da música clássica, possibilitando-lhes usufruir inolvidáveis momentos de emoções e encantamento.

Sendo assim, após algumas retumbantes apresentações, atendendo a um pedido de Giancarlo, o maestro incluíra no rol dos espetáculos a cidade natal do jovem musicista, saudoso que este estava daquela região que o vira nascer e que, devido ao escasso tempo de que dispunha entre um e outro show musical, há meses não visitava.

Seus familiares, ao contrário, de tempos em tempos, para lá se dirigiam, passando dias ou semanas na antiga e bem cuidada propriedade, matando as saudades dos bons momentos que ali passaram.

Eufórico por ter sido atendido o seu pedido pelo generoso maestro, Giancarlo se apressara em convidar seus pais e avós para acompanhá-lo na referida oportunidade, quando ele, particularmente, haveria de rever seus companheiros de infância e de juventude que tanto prezava e dos quais guardava momentos inolvidáveis de convívio, no cofre perfumado das recordações.

Duas semanas após ter recebido o aval do maestro, Giancarlo enviara uma carta para os D'Angelo, convidando-os para virem prestigiar o evento, presenteando-os, gentilmente, com os respectivos ingressos.



Aproveitando-se do ensejo, enviara, juntamente, um elegante cartão personalizado, convidando-os em nome dos seus avós, para um jantar na residência dos mesmos, a realizar-se na noite seguinte à da apresentação para, juntos, celebrarem o feliz encontro das famílias Levy e D'Angelo.

Como há anos Giancarlo não mantinha qualquer contato com Bruno, sentira-se motivado a valer-se da oportunidade para fazê-lo, quando, então, haveria de saciar as saudades do amigo de infância e de juventude, com o qual houvera compartilhado bons e saudosos momentos.

Radiante por ter recebido tão amorável convite, Alessia, oportunamente, comunicara o fato a Nestore e Bruno que, na ocasião, evidenciando em suas fisionomias certo enfado, nada disseram, mantendo-se em silêncio, pois tais apresentações musicais, ricas em sensibilidade e beleza, não condiziam com as suas personalidades austeras e indiferentes, bem distantes das doces fronteiras dos nobres sentimentos e sensações.

Finalmente, a noite do tão esperado sábado chegara e, com ela, as expectativas e a ansiedade típicas dos momentos que antecedem esses eventos.

Todos os assentos do sofisticado teatro estavam tomados pelos aficionados da música, aguardando, impacientes, o início do espetáculo.

Em um privilegiado camarote, bem próximo ao palco, a família D'Angelo se fazia presente, pois, Alessia conseguira convencer o esposo e o filho a aquiescerem ao convite que Giancarlo, gentilmente, lhes havia presenteado.

Ao mesmo tempo em que os primeiros acordes musicais passaram a percorrer os espaços, as elegantes cortinas do grande palco se abriram, colocando um ponto final na ansiedade que a todos os presentes enlaçava.

Após as habituais apresentações e esclarecimentos destinados ao seleto público, a orquestra dera início ao musical.

Os acordes emitidos pelos mais diversos instrumentos, adornados pelos talentosos musicistas, adentravam suavemente os ouvidos dos presentes, mergulhando em seus corações, fazendo com que deles aflorassem dúlcidos sentimentos, incitando-os a vivenciarem inolvidáveis e enternecedores momentos.



Após as três primeiras apresentações, quando a plateia se encontrava ainda mais ansiosa para desfrutar outros prazerosos números musicais, o maestro encaminhara-se, calmamente, rumo ao microfone, visivelmente comovido pelos aplausos que a orquestra, sob sua batuta, houvera recebido, dizendo:

— Nestes momentos em que nos sentimos envolvidos pelas composições que aqui foram apresentadas, é com muita satisfação que convido os nossos queridos Giancarlo e Giulia, ele ao piano e a senhorinha ao violino, para brindá-los com mais uma página musical que, espero, venha proporcionar-lhes momentos outros de inesquecível enlevo.

Em seguida, Giulia, delicadamente, se aproximara de Giancarlo, destinando-lhe um olhar de expressivo afeto que o jovem lhe retribuíra com a mesma intensidade, ambos denunciando os mais puros sentimentos que percorriam suas almas sensíveis e enamoradas.

Logo após terem recebido o aval do competente maestro, compenetrados e confiantes, os jovens deram início à apresentação.

Bruno, de pronto, sentira-se arrebatado pela doce silhueta de Giulia, apressando-se em fazer uso do seu binóculo para apreciá-la mais de perto e, assim, satisfazer sua curiosidade e o seu incontido e inesperado encantamento.



No transcorrer da impecável apresentação do dueto, as notas emitidas pelos seus instrumentos entrelaçavam-se em perfeita e doce harmonia, extasiando o público, fazendo-o desfrutar momentos da mais profunda e gratificante sensibilidade.

Em alguns instantes, as emoções dos presentes chegavam ao ápice, delatando que os acordes musicais haviam penetrado as intimidades dos seus seres, acarinhando as suas almas.

Como que hipnotizado, Bruno não deixara um só instante de utilizar-se do binóculo, focando a doce figura da senhorinha, surpreendendo-se pelas inusitadas e indomáveis sensações que dele emergiam e que, desde então, passaram a fazer-lhe companhia.

Ao término do vibrante número musical, a plateia, em pé, vivamente emocionada, ovacionara a exuberante apresentação do dueto, presenteando-o com o carinhoso e convincente: “bravo, bravo!”.

Giancarlo e Giulia, emocionados, agradeceram aos aplausos recebidos, quando, ao mesmo tempo, seus olhares se encontraram, irradiando o sincero afeto que os enlaçava e a felicidade que, naqueles momentos, experienciavam.



Magnetizados pelo nobre sentimento que os envolvia, suas mãos se procuraram e se entrelaçaram, colocando um ponto final naquela que havia sido a mais brilhante das suas performances.

Logo em seguida, as cortinas se fecharam, dando por encerrada a primeira parte do espetáculo.

Bruno, ao acompanhar a cena de explícito carinho que se desenrolara entre os dois musicistas, sentira o inesperado aguilhão do ciúme penetrar as entranhas da sua alma, deixando-a em apreensiva expectativa quanto ao futuro que se avizinhava.

Repentinamente seduzido pela beleza e pela incomum sensibilidade artística de Giulia, Bruno, durante o transcorrer do intervalo musical, somente se ausentara do camarote por alguns breves momentos, logo retornando, pois não queria correr o risco de perder um só instante para visualizar a encantadora jovem, deleitando-se com a sua cativante e suave presença.

Após o intervalo, outras belíssimas páginas musicais interpretadas pela grande orquestra se sucederam, conquistando a aclamação dos aficionados ali presentes.

Enquanto isto ocorria, Bruno não perdera um só gesto da jovem que encantara os seus olhos, os seus ouvidos e o seu coração, dela tornando-se, definitivamente, cativo.

Ao final do inesquecível espetáculo, o público, em pé, aplaudira entusiasticamente, por significativos instantes, a comovente e irrepreensível apresentação.

Minutos após, as famílias Levy, Bloch e D'Angelo se encontraram no elegante saguão principal do suntuoso teatro.

Após os devidos cumprimentos e apresentações, os elogiosos diálogos a respeito do show musical foram a tônica daqueles instantes.

Bruno, absorto em seus pensamentos, não participara da conversação, mantendo-se em silêncio, passeando, ansiosamente, o seu olhar pelo referido saguão, esperançoso por visualizar a presença da senhorinha que, sem o saber, o havia seduzido.

O tempo fora passando, quando Nestore, alegando cansaço pelo intenso dia de trabalho desenvolvido, iniciara as despedidas.



Bruno tivera, assim, frustrado o seu intento de ver mais de perto a adorável senhorinha, segurar-lhe a mão, por certo delicada, parabenizá-la pela magistral apresentação e também poder desfrutar, mesmo que fosse por alguns breves momentos, a sua doce presença.

Acomodados no interior do veículo que os levaria para casa, os integrantes da família D'Angelo, ao passarem em frente ao teatro, visualizaram no grande saguão que, há pouco, haviam deixado, Giancarlo e Giulia sendo cumprimentados pelos presentes, irradiando a felicidade que desfrutavam pelo sucesso alcançado.

Bruno, contrariado por ter perdido a oportunidade de ver e conhecer a talentosa violinista, dissera, inquestionavelmente irritado:

— Não sei por que tanta pressa para deixarmos o teatro. Gostaria muito de ter conhecido a jovem artista, parabenizando-a pela elogiável apresentação.

Nestore, perspicaz, imaginando que o coração do filho havia sido tocado pela senhorinha, lhe dissera, esboçando leve e matreiro sorriso:

— Não se preocupe, meu filho, amanhã ou depois você terá a oportunidade de satisfazer o seu desejo.



O silêncio se fizera presente, acompanhando-os durante todo o trajeto, deles não se apartando até o momento em que, mutuamente, se despediram, com o tradicional boa-noite.

Por sua vez, radiantes com o sucesso alcançado pelo espetáculo musical, os jovens músicos e seus familiares dirigiram-se para o solar dos Levy, que a todos havia convidado para lá se hospedarem durante a semana que se avizinhava, quando, então, Giancarlo e Giulia aproveitariam para usufruir merecido descanso, enquanto aguardavam a próxima apresentação da orquestra, agendada para o próximo domingo, desta feita na romântica capital italiana.

Na noite seguinte, por volta das 19 horas, os D'Angelo, efusivamente cumprimentados por Amadeo e Clélia, deram entrada no elegante e requintado solar da família.

Com espontânea alegria ilustrada em suas feições, acompanhados pelos sorrisos francos e generosos, os idosos anfitriões, gentil e educadamente, acompanharam os convidados até a sala de visitas onde se encontravam Giancarlo, Giulia e seus respectivos genitores, dialogando cordialmente.



Ao adentrarem no prazeroso local, todos os convidados foram agradavelmente surpreendidos pela jovial e cativante presença de Giulia que, na noite anterior, os havia encantado com o seu talento.

Impactado pela inesperada presença da violinista, Bruno empalidecera, delatando as emoções que, de súbito e, até então por ele desconhecidas, passaram a transitar pela intimidade do seu ser e que, em breve, haveriam de se transformar em avassaladora e indomável paixão.

Em seguida, foram feitas as costumeiras apresentações, durante as quais a alegria emoldurara aqueles instantes.

Giancarlo, feliz pela presença do amigo que, há tempos, não compartilhava a companhia, espontaneamente fez menção de abraçá-lo, como o fazia nos tempos de juventude.

Todavia, Bruno apenas lhe estendera a mão com firmeza, não lhe permitindo uma maior aproximação, demonstrando por essa atitude e pelo olhar frígido a soberba que se apoderara da sua alma, vacilante e influenciável.

Como Bruno se esquivara do que poderia ter sido um caloroso abraço, Giancarlo, surpreendido e um tanto quanto decepcionado com a atitude do antigo colega, entendeu que o jovem militar havia, radicalmente, mudado de comportamento e não estava disposto a presenteá-lo com a mesma amizade dos bons tempos da mocidade.



Após estarem devidamente acomodados nas confortáveis e luxuosas poltronas que enfeitavam o aconchegante local, a conversação fluiu animada, prazerosa, entremeada por saborosos canapés e finos beberetes que a anfitriã, juntamente com a governanta Silvana, caprichosamente preparara.

Bruno, absorto e embevecido pela singela beleza de Giulia, insistentemente, para ela, destinava o olhar cobiçoso, a ponto de fazê-la aperceber-se do fato, encabulando-a, não sabendo como proceder para que o jovem militar desertasse dessa abusada atitude que a estava importunando sobremaneira.

Vez ou outra, tanto Nestore como Bruno opinavam a respeito do assunto que estava sendo ventilado, revestindo suas palavras com a altivez e a presunção que os distinguiam.

Tal proceder, sem dúvidas, desagradava aos demais que, educadamente, não os afrontavam, evitando, assim, contrariá-los em suas radicais opiniões, mesmo que, em alguns momentos, não compactuassem com suas argumentações, pautadas pela provocação e, por vezes, pelo descaso.

No transcorrer dos diálogos, Giancarlo fora notando o olhar voluptuoso que Bruno, com desagradável e petulante insistência, direcionava para Giulia, constrangendo-a, fazendo com que a musicista encontrasse certa dificuldade em se expressar e mesmo gesticular, pois se sentia molestada pelo olhar atrevido e inconveniente do jovem militar.

Durante o desenrolar das conversações, Nestore, acossado pela inveja e pelo personalismo exagerado que não lhe davam tréguas, em dado momento, com o condenável propósito de estiletear, principalmente, os integrantes da família Levy, assim se manifestara:

— Os judeus com os quais tive a oportunidade de manter algum tipo de contato, salvo, acredito, algumas poucas exceções, como é o caso dos senhores, não me causaram boa impressão. Nas referidas ocasiões, demonstraram ser hábeis e perspicazes comerciantes, qualidades estas pelas quais os parabenizo. Todavia, pareceram-me bastante frios e calculistas, agindo, quase sempre, em benefício próprio, indiferentes quanto às necessidades e dificuldades daqueles com os quais, por ventura, estivessem negociando. Confesso que, em vista disto, procuro, sempre que possível, evitar de, com eles, negociar.



Ao término do inoportuno, infeliz e radical ponto de vista do arrogante militar, um silêncio constrangedor se fizera presente.

Alessia, que intimamente condenava a atitude desarrazoada do esposo, na tentativa de aliviar a tensão que por ele fora criada, esboçando leve e simpático sorriso, se propusera a desviar o rumo da conversação, enveredando por outros caminhos mais agradáveis.

Porém, antes que tal ocorresse, Silvana, a governanta, educadamente, adentrara o recinto, comunicando que o jantar seria servido na sala contígua ao local onde se encontravam.

Clélia, com delicadeza e simpatia, convidara a todos para lá se dirigirem.

Sem dúvidas, nas entrelinhas da inamistosa e provocadora fala de Nestore, ficara evidente o desairoso e injusto preconceito que o militar esposava no tocante à raça judia, da qual, com exceção dos D'Angelo, os demais, honradamente, pertenciam.

A mesa, na qual seria servido o jantar, estava posta e finamente decorada, demonstrando não só o bom gosto dos Levy, como também a consideração com que presenteavam os seus convidados.

As iguarias que passaram a ser servidas pelos diligentes serviçais despertavam os mais apurados paladares, tal o esmero com que foram preparadas e apresentadas.

Os pratos da mais requintada porcelana, acompanhados por guardanapos personalizados com o brasão da família Levy, pelos talheres de metal nobre e pelas taças do mais fino cristal, assim como por elegantes candelabros estrategicamente colocados por sobre a mesa, ilustravam o requintado bom gosto dos anfitriões.

Nestore, ao percorrer com o olhar crítico e de insofismável desaprovação, cada detalhe ali ilustrado, sentira como se a lâmina fria e cortante de um punhal penetrasse suas entranhas, deixando extravasar o fel da inveja que, desde priscas eras, se encontrava recluso em seu Espírito ainda resistente aos divinos apelos de Jesus, à mercê das enganosas e efêmeras gloríolas do mundo.

Supliciado por esses pensamentos malsãos, sem se aperceber, transformara-se em seu próprio algoz, não conseguindo evitar que os olhos congestos delatassem à esposa, que bem o conhecia, os condenáveis sentimentos que transitavam pela intimidade do seu ser ainda prisioneiro do desamor.

Por sua vez, Bruno, que, gradualmente, fora se tornando comparsa do pai, com ele compactuando seus radicais, egoístas e tendenciosos pontos de vista, acabara também por ser ferido pelo mesmo e contundente punhal, sentindo-se incomodado pelo que, erroneamente, deduzira ser uma exagerada e provocante demonstração de riqueza por parte da família judia.

Durante o transcorrer do deleitoso jantar, de tempos em tempos, os atentos serviçais preenchiam as taças com refinados vinhos, fazendo com que os convivas se sentissem estimulados a saboreá-los, um tanto quanto despreocupados com os seus possíveis efeitos.

Antes que as esperadas sobremesas fossem servidas, Giancarlo se colocara em pé, passeando calmamente o olhar pelos convidados e, esboçando radiante sorriso, fizera uso da palavra, assim dizendo:

— Hoje, com certeza, é um dos dias mais felizes da minha existência.



Em seguida, encaminhando carinhoso olhar em direção à talentosa violinista que se encontrava assentada ao seu lado, continuara:

— É com o coração emocionado que, neste momento, venho pedir em noivado a senhorinha Giulia, que desde o primeiro instante em que a vi, encantou e seduziu a minh'alma, presenteando-a, desde então, com a sua amorável e suave presença, iluminando a minha vida, possibilitando-me conhecer e desfrutar a felicidade que, há tempos, procurava encontrar.

Ao término da sua comovida elocução, o jovem pianista, delicadamente, estendera a mão para Giulia, como que convidando-a a levantar-se, sendo, de imediato, atendido no seu silencioso e expressivo pedido.

A jovem, ilustrando espontâneo sorriso que viera enfeitar ainda mais o seu belo rosto, emudecida pela surpresa e pela emoção, com os olhos marejados, deixara-se abraçar e ser ternamente beijada por Giancarlo, expressando, ambos, a felicidade que, naqueles inexprimíveis momentos, os viera visitar.

Em seguida, todos os presentes levantaram suas taças de vinho, brindando o recente casal de noivos.

Bruno, vendo confirmar-se o que, de certa forma, já estava pressentindo, instintivamente, não brindara os noivos como os demais, sentindo sua alma ser vergastada por inesperado e avassalador ciúme que, desde então, não mais o deixaria em paz, acompanhando os seus passos, perturbando os seus dias, comprometendo o seu amanhã.

Findo o elogiável jantar, todos retornaram à sala de visitas, entretecendo prazerosa conversação.

Bruno, que havia passado dos limites na ingestão dos alcoólicos, com os quais não estava habituado, deixara-se por eles influenciar, fazendo com que em determinado instante da amena conversação, de forma inoportuna, inconveniente, esse aparteasse, retornando ao assunto que antes do jantar, seu pai, indelicadamente, havia enfocado e que desagradara os Levy e os Bloch.

Assim agindo, o jovem militar destilara, em forma de incoerente manifestação, o veneno do ciúme que, desde há pouco, havia se hospedado em sua alma. Desta forma, procurava agredir, tão só, Giancarlo, por ele ter se antecipado na conquista do coração de Giulia, que, desde a noite anterior, o havia aprisionado.

Essa intempestiva e extemporânea intervenção de Bruno trouxera de volta o mesmo constrangimento que seu pai, anteriormente, houvera provocado em todo o grupo.



Clélia, apercebendo-se do clima de mal-estar que, uma vez mais, se fizera presente, com vivaz presença de espírito se apressara em dar um novo direcionamento à conversa, assim dizendo:

— Ontem, durante a apresentação da grande orquestra, tivemos a feliz oportunidade de nos deleitar com o empolgante número musical que nos foi oferecido pelo dueto Giancarlo e Giulia. Sendo assim, tenho a certeza de que todos aqui presentes gostariam de vê-lo aqui reapresentado, possibilitando-nos reviver aqueles suaves momentos de emoção e sensibilidade. Para tanto, convido o talentoso casal de músicos, agora noivos, para nos brindar com a execução daquela belíssima página musical que, na noite passada, a todos nós, encantou.

Giulia, agradavelmente surpreendida pelo convite, delatando em seu semblante um certo desalento, educadamente declinara do pedido que Clélia lhe fizera, assim dizendo, justificando-se:

— Seria grande o meu prazer em poder tocar para todos aqui presentes. Entretanto, infelizmente, não trouxe comigo o violino, sentindo-me impossibilitada de acompanhar o meu noivo ao piano e, consequentemente, de atender ao honroso convite que me fora feito.

Clélia, com confiante sorriso nos lábios, lhe dissera:

— Querida Giulia, meu saudoso pai era um amante da música clássica, tendo sido um dos integrantes de renomada orquestra em seu país natal. Ao falecer, já bastante idoso, deixara para os seus filhos modesta herança, cabendo a mim o seu valioso violino, um "Stradivarius" autêntico, que conservo comigo, intacto, como feliz lembrança daquele que foi, para mim, uma verdadeira bênção pela honestidade e pela bondade que sempre pautaram as suas palavras, as suas atitudes e as suas ações. Assim, peço a todos que me aguardem por alguns minutos, enquanto vou em busca do violino que Giulia, por certo, o fará reviver, como nos áureos tempos, sensibilizando os nossos corações com os seus acordes e, quiçá, o Espírito do meu saudoso genitor.

Clélia, sem delongas, encaminhara-se para um dos cômodos da mansão, onde, prestimosa, guardava algumas relíquias da família, entre elas, o afamado instrumento musical.

Minutos após, a anfitriã, demonstrando em seu semblante a alegria que a envolvia, adentrara a sala, portando cuidadosamente nas mãos o valioso violino. A seguir, com muita delicadeza, o entregara para Giulia.

Comovida, a musicista o recebera segurando-o como se fosse uma joia rara, enquanto seus olhos verdes, irradiando alegria incomum, percorriam com avidez os elegantes contornos do "Stradivarius", ao mesmo tempo em que os seus delicados dedos o acariciavam, como que lhe pedindo permissão para fazerem vibrar, novamente, as suas cordas que, há tempos, se mantinham emudecidas, sem vida.

De posse do notável instrumento, com evidente destreza, a compenetrada senhorinha afinara as suas cordas, preparando-as para sensibilizar os seletos ouvintes. A seguir, encaminhara-se em direção ao piano, diante do qual Giancarlo já se encontrava, aguardando-a, denunciando pelo seu olhar e seu sorriso franco as inusitadas emoções que experimentava.

Após a bela apresentação do dueto, os aplausos, entusiasmados, irromperam, marcando presença.

Nestore, por instantes, deixara-se contagiar pelas harmoniosas notas musicais que os instrumentos emitiam, totalmente submissos ao talento do jovem casal de noivos. Todavia, conteve-se, evitando dar curso às emoções e aos sentimentos que, equivocadamente, achava não serem compatíveis com o cargo militar que, austeramente, ocupava.

Assim pensando, aplaudira os músicos com frígida moderação.

Bruno, durante quase todo o tempo, mantivera o olhar fixo na senhorinha e quando, por instantes, o destinava a Giancarlo, o fazia envolto pelo ciúme desarrazoado e pelo ódio, insensato e indomável que, súbita e inesperadamente, havia se instalado na sua alma débil, influenciável, incitando-o a assim pensar:

— Giulia ainda será minha, somente minha. Espere e verá, Giancarlo.

Terminados aqueles momentos de inexprimível sensibilidade e bom gosto, os amistosos diálogos retornaram, alegrando o ambiente.

Durante o evento, várias fotos foram tiradas e, posteriormente, enviadas por Giancarlo às famílias Bloch e D'Angelo, para que pudessem guardá-las no baú perfumado das recordações.

Quando os ponteiros dos relógios se aproximavam da meia-noite, as despedidas aconteceram.

Aproveitando-se da oportunidade, Bruno, sem tirar por um só segundo o olhar lascivo da delicada musicista, segurara em sua veludosa mão, beijando-a com morosa e declarada sensualidade.



Dada a insólita e, ao seu ver, ousada e inconveniente atitude do rapaz, Giulia não conseguira evitar que um leve rubor visitasse suas faces, denunciando o constrangimento que dela se apossara.

Tal atitude de Bruno não passara despercebida por parte de Giancarlo que, conscienciosamente, se mantivera sereno, levando à conta dos alcoólicos ingeridos o atípico e censurável proceder do jovem militar.

Assim fora colocado um ponto final no que houvera sido, com algumas ressalvas, um agradável congraçamento entre as famílias Levy, Bloch e D'Angelo.

# CAPÍTULO 4

No solar da família judia, a semana transcorrera alegre, amistosa, sem que nada tivesse ocorrido que merecesse qualquer menção.

Todavia, para os D'Angelo, logo em seu início, apresentara-se acompanhada por preocupante agitação, exigindo de todos rápidas providências para amainá-la.

Naquele tempo, pairava no ar uma sensação de angustiante apreensão, pois os últimos acontecimentos mundiais prenunciavam que a Segunda Guerra Mundial estava prestes a eclodir.

Em vista disso, o todo-poderoso fascista Benito Mussolini, "Il Duce - O líder", como era chamado, objetivando valer-se de oficiais competentes e de sua inteira confiança para ocuparem postos-chaves na cúpula do exército italiano, caso o confronto mundial se concretizasse, convocara a imediata transferência de Nestore para Roma, a fim de engajar-se às forças militares locais, pois a capital do país se constituía em ponto estratégico de significativa importância no cenário bélico que se avizinhava.

Devido à inesperada convocação que a autoridade máxima do país lhe fizera, Nestore apressara-se em cumpri-la, enviando o filho para Roma a fim de que pesquisasse e selecionasse uma outra residência para eventual compra, caso fosse do agrado de todos.



Possuidor de elevadas posses, não haveria maiores impedimentos, neste sentido, para que Nestore concretizasse o negócio que, por certo, Bruno lhe iria apresentar.

Dada a urgência que lhe fora imposta pelo temperamental Mussolini, no final da mesma semana, o casal D'Angelo viajara para a capital, hospedando-se em luxuoso hotel, enquanto aguardava a compra do imóvel que fosse compatível com o status que o prepotente militar tanto prezava.

Enfim, como um dos imóveis que Bruno havia selecionado também caíra nas graças dos seus pais, a transação fora efetuada sem delongas.

A mudança de residência ocorreu com inquestionável rapidez, pois, poucas semanas após o início das buscas por uma nova moradia, toda a família D'Angelo já se encontrava instalada no novo lar.

Devido às prerrogativas que a sua alta patente militar lhe concedia, não houve qualquer dificuldade ou entrave para que Nestore transferisse o filho para a capital italiana, engajando-o, de imediato, em novo e mais importante cargo.

Apesar de todas as preocupações que vieram ao encontro de toda a família, Bruno não conseguira tirar da sua mente a silhueta e o rosto angelical de Giulia, como se os tivesse cristalizado nos refolhos da sua alma, fazendo-o, aos poucos, distanciar-se dos caminhos do bom senso e da paz, tornando-o refém do egoísmo pertinaz e da paixão descabida, irresponsável, acumpliciada aos luxuriosos e reprováveis desejos.

Estando devidamente instalado na nova e confortável residência, Bruno procurara informar-se a respeito das apresentações que a grande orquestra iria realizar em Roma para, assim, poder saciar o seu ardente desejo de rever Giulia e manter viva a paixão e a esperança de um dia vir a tê-la em seus braços.

Sendo assim, constatara que a referida orquestra se encontrava em tournée por algumas cidades da Itália e somente se apresentaria na capital no início do mês seguinte.

Desconsolado com o fato de que somente poderia rever a senhorinha no mês vindouro, só lhe restara mantê-la em seus pensamentos desequilibrados, visualizando-a em seus braços, a mercê das suas carícias, prisioneira da mesma paixão que dele não se apartava.

Enquanto aguardava a volta da orquestra à capital, ocorrera-lhe procurar o local onde Giulia residia, pois pretendia rodeá-la de mimos e atenções, na expectativa de que, assim agindo, haveria de, sutilmente, sensibilizá-la, incitando-a a abrir as portas do seu coração para que nele pudesse penetrar, quiçá, conquistando-o.

Enfim, a afamada orquestra regressara a Roma e o dia da tão esperada apresentação havia chegado.

Bruno, ansioso em rever a bela musicista e assim saciar a saudade que percorria suas entranhas, comodamente se instalara nas primeiras filas do teatro, para melhor e mais de perto visualizá-la, acompanhando, em detalhes, o seu desempenho.

Durante o espetáculo, uma vez mais, o coração do militar deixara-se anestesiar pelos encantos de Giulia, fazendo recrudescer os seus inconsequentes e libidinosos desejos de possuí-la, desfrutando-lhe a perfumosa e delicada companhia.

Tão logo o show musical chegara ao seu final, Bruno apressara-se em dirigir-se ao seu veículo que estacionara próximo a saída dos músicos, ali aguardando até que Giancarlo e Giulia viessem deixar o teatro e, discretamente, os seguisse, na certeza de que o pianista acompanharia a noiva até a sua moradia, delatando, desta forma, o seu endereço. Assim ocorrera.

No dia seguinte, por volta das 10 horas da manhã, a campainha soara na residência da família Bloch.

Carmela, a atenciosa serviçal, acorrera ao portão para atender ao chamado. Em seguida, adentrara o interior da moradia, portando, cuidadosamente nas mãos, delicado buquê de flores que o mensageiro lhe havia entregue.

Alice, ao tomá-lo nas mãos, notara que um sofisticado e anônimo cartão endereçava à sua filha o inesperado mimo.

Radiante, sem perda de tempo, encaminhara-se à sala de música onde Giulia, como fazia todas as manhãs, ali se encontrava preparando-se para o próximo evento musical.

Ao bater suavemente na porta, em seguida adentrara o local, trazendo consigo o vistoso ramalhete, dizendo, expondo simpático e espontâneo sorriso:

— Quem será o admirador que lhe enviou estas lindas flores? Por certo não será Giancarlo, pois, sempre que o faz, identifica-se, o que, desta feita, não ocorreu, pois o emissor tomara o cuidado para não se revelar.



Em silêncio, Giulia segurara o ramalhete que lhe fora entregue, quando, então, inesperada, desconhecida e incômoda gelidez transitara pela intimidade do seu delicado ser, como se a estivesse alertando sobre futuros dissabores que iria ter de enfrentar.

Com as faces empalidecidas e os olhos expressando certa inquietação, devolveu o buquê para a mãe, dizendo-lhe, delatando incontestável desalento:

— Mamãe, tenho urgência em continuar os meus estudos, por isto, peço-lhe para cuidar das flores, como tão bem você sabe fazer. Dito isto, sem mais nada dizer, retornara aos exercícios.

Alice, por instantes, com o ramalhete nas mãos, mantivera-se imóvel um tanto quanto desapontada pelo desinteresse que a filha demonstrara para com o mimo que, há pouco, recebera, justamente ao contrário do que ela própria sentia.

Todavia, amorosamente, justificara a atitude de Giulia, julgando-a estar preocupada com o concerto que, em breve, a grande orquestra iria realizar quando, então, estariam presentes não só os seletos amantes da música erudita, como também oficiais e altas patentes do exército italiano, especialmente convidados para o evento.

A violinista, como se tivesse sido dopada por medicação invisível, deixara-se cair na confortável poltrona que enfeitava o seu estúdio, permitindo que o seu pensamento, inexplicavelmente, se envolvesse por maus presságios.

Sendo assim, desalentada, colocara de lado o seu violino, silenciando-o, impedindo-o de sensibilizar com os seus maviosos sons as almas daqueles que ali residiam, dos que na vizinhança habitavam ou daqueles que, pelas imediações, porventura, estivessem transitando.

Quinze minutos depois, o telefone tocara, sendo logo atendido por Carmela, a dedicada serviçal. Era Giancarlo que, como o fazia todas as manhãs, procurava por Giulia, para com ela entretecer agradável conversação, sempre adornada por doces sentimentos, expressando as saudades que, mutuamente, sentiam.

Instantes após, evidenciando alguma preocupação, o musicista assim indagara à noiva:

— Querida, sinto certa tristeza em sua voz. O que a está preocupando? Será que posso ajudá-la a trazer de volta a alegria que, como sempre, está presente em sua vida?



A jovem, surpreendida pela agudeza de espírito de Giancarlo, mantivera-se, por breves instantes, indecisa quanto ao que haveria de lhe responder, omitindo-lhe o fato ou colocando-o a par do ocorrido, quando, então, o noivo, como se lhe retirasse dos ombros pesado fardo, dissera-lhe, compreensiva e educadamente:

— Meu amor, peço-lhe desculpas pela minha instintiva intromissão em seus íntimos pensamentos. Não tenho este direito. Nada precisa me responder, bastando, tão só, esforçar-se para deixar a alegria retornar ao seu coração.

Aliviada, Giulia retornara ao diálogo, empenhando-se para não mais deixar transparecer o mal-estar emocional que, desde o momento em que recebera o ramalhete de flores, passara a fazer-lhe teimosa e desagradável companhia.

Enfim, a conversa telefônica chegara ao seu final, quando os enamorados docemente se despediram, prometendo encontrar-se no meio da tarde daquele mesmo dia, no majestoso palco do teatro onde iriam apresentar-se, para, juntos, em dueto, exercitarem-se, visando à próxima e importante apresentação.



Para os noivos, ávidos por se reverem, as horas passaram morosas, até que, sorrindo, finalmente se reencontraram, amainando a saudade que, até aquele momento, estava presente em seus corações.

Concentrados nas responsabilidades que os cercavam, os jovens puseram um ponto final nas apreensões que, pela manhã, os haviam visitado.

A noite da inusitada apresentação chegara e, com ela, as emoções que envolviam cada um dos protagonistas do espetáculo, cientes das responsabilidades que lhes cabiam para o sucesso de tão importante evento.

O teatro estava ornamentado com luzes e cores para bem recepcionar os aficionados da música, assim como, as importantes autoridades do governo que ali estariam presentes, prestigiando aquela noite de gala.

No saguão principal, enquanto aguardavam o início do concerto, os refinados apreciadores desse tipo de evento mantinham-se em descontraídas conversações, ao mesmo tempo em que os oficiais das forças armadas, engalanados por rutilantes medalhas e insígnias, formavam grupos fechados, como se ocupassem imaginários pedestais, sustentados pela arrogância e pela soberbia que os distinguiam dos demais seres humanos ali presentes.

Pouco antes do início do espetáculo, gradualmente, o seleto público fora se encaminhando para os seus lugares, ávidos por verem o show musical ter início.

Os primeiros assentos foram sendo ocupados pelos oficiais mais graduados, enquanto que Bruno tivera de contentar-se com um lugar mais afastado do palco e, por conseguinte, da violinista que, sem o saber, havia aprisionado o seu coração.

Minutos depois, o musical tivera início, cativando, desde os primeiros acordes, todos os presentes, mantendo-os reféns das notas musicais que, suavemente, penetravam os seus ouvidos, sensibilizando os seus corações.

Uma vez mais, o dueto formado por Giancarlo e Giulia se destacara, encantando a plateia que não lhes regateara efusivos e merecidos aplausos.

Ao término da apresentação, durante a qual, uma vez mais, Bruno mantivera-se, como que entorpecido pelos encantos da musicista, todos os integrantes da aclamada orquestra foram convidados a se dirigir ao salão principal, pois, ali seria servido um coquetel com a presença exclusiva dos militares que, assim, poderiam conhecer os músicos mais de perto, entretecendo, com cada qual, os mais diversos diálogos, saciando a curiosidade natural que o público mantém em relação ao cotidiano dos artistas em geral.

Ansioso, Bruno apressara-se para encontrar a musicista. Ao vê-la, acompanhada por Giancarlo, sofregamente se encaminhara em sua direção, ávido para dela sentir o perfume, olhar em seus olhos, escutar a sua voz, tocar e beijar sua delicada mão, desfrutar, enfim, da sua doce e cativante presença, arrefecendo a saudade que o enlaçava, apaziguando, assim, por momentos, a sua alma inquieta e enceguecida pela paixão incontrolável.

Achegando-se ao grupo em que Giulia se encontrava, esforçara-se para reprimir a ansiedade que o acossava; todavia, o olhar sensual que destinara à jovem, o denunciara, expondo a perturbadora sensação que o seu coração experimentava.

Ato contínuo, ignorando todas as pessoas que compunham o amistoso grupo, descortês e atrevido, sem demonstrar qualquer constrangimento, Bruno segurara a mão de Giulia, beijando-a demoradamente, fazendo com que os demais deduzissem que o jovem militar desfrutava certa familiaridade com a violinista, o que, na realidade, não passava de um sonho que a mente desarmonizada de Bruno acalentava, esperançoso de que, com o tempo, viesse a tornar-se realidade.

Naquele exato instante, Giulia vivenciara, uma vez mais, a desconfortante gelidez que, dias atrás, viera visitá-la ao receber o inusitado ramalhete de flores, fazendo-a sentir-se inclinada a acreditar que Bruno seria o seu anônimo emissor.

Giancarlo, apercebendo-se da atitude atrevida e imprudente de Bruno, procurara chamar para si a atenção do irreverente militar, estendendo-lhe a mão e cumprimentando-o, dizendo-lhe, ao mesmo tempo, com grave entonação na voz, procurando ilustrar o seu desagrado pelo procedimento inadequado do ex-colega de infância e juventude:

— Como vai, Bruno? Pela efusividade dos seus cumprimentos destinados à minha noiva, não restam dúvidas de que muito apreciara o desempenho da orquestra, principalmente a performance impecável da talentosa violinista, não é verdade?

Bruno, de imediato, sentira, pelo tom de voz, pelo olhar e pelas palavras que Giancarlo lhe endereçara, certa recriminação de sua parte, motivada, deduzira, pela atitude um tanto quanto intempestiva que, reconhecera, ter tomado ao cumprimentar Giulia.

Extremamente orgulhoso de si pela farda que vestia, exteriorizando, através do olhar agressivo, o seu desagrado pela maneira pouco cortês com a qual o pianista lhe dirigira a palavra, secamente lhe respondera:

— É verdade. Você tem toda a razão.

Em seguida, como se estivesse duelando com Giancarlo, direcionara o olhar para a musicista, dizendo-lhe, com indisfarçável sensualidade:

— Os sons emitidos pelo seu violino adentraram a minha alma, fazendo-a usufruir momentos de intenso prazer e sensibilidade, pelos quais, só me resta agradecer-lhe.

Giulia, surpreendida pelo incomum e provocativo elogio de que fora alvo, enrubescera, ao mesmo tempo em que o maestro viera juntar-se ao grupo, dando um novo rumo à conversação, desanuviando o clima desagradável que o jovem e impertinente militar havia provocado.

Poucos instantes depois, sentindo que não fora bem acolhido por aquele seleto agregado de pessoas, demonstrando, hábil e falsamente, estar sendo requisitado para integrar uma roda de oficiais que se formara bem próximo de onde se encontrava, após enviar expressivo olhar para Giulia, que se mostrara impassível, sem mais delongas Bruno se retirara, melindrado, ofendido pela desatenção de que fora objeto.

Entretanto, de tempos em tempos, Bruno endereçava o olhar para a musicista que, apercebendo-se do fato, sutilmente convidara Giancarlo para irem juntar-se a outro grupo, formado por alguns músicos, com o propósito de desvencilhar-se do insistente e desagradável assédio visual que, mesmo a distância, sentia-se alvo.

Quarenta e cinco minutos depois, os noivos, discretamente, deixaram o local, quando, então, Giancarlo acompanhara Giulia até sua residência, dirigindo-se, logo a seguir, para a sua moradia, a fim de poderem finalmente desfrutar merecido descanso.

Enquanto isto, Bruno, com ansiosa constância, passeava o olhar arguto pelo salão, à procura da violinista. Entretanto, ao cabo de algum tempo, desolado, dera-se conta de que o casal de noivos havia deixado o local.

Com o passar dos minutos, militares e músicos foram abandonando o recinto e, quando os relógios ilustravam o meio da noite, a recepção já havia chegado ao seu final.

Logo no início da semana, Giulia recebera outro buquê de flores, com o mesmo anônimo e sofisticado cartão, o que a deixara, veramente, apreensiva e ensimesmada, fazendo recrudescer os maus presságios que, uma vez mais, vieram em seu encalço.

Assim também ocorrera no início das três semanas seguintes, quando os anônimos cartões passaram a conter discretos galanteios, deixando Giulia cada vez mais apreensiva.

Bruno, logo em seguida, fora convocado para treinamentos militares fora da capital, ali permanecendo por dois meses, vendo-se, assim, impossibilitado de dar continuidade aos seus planos.

Entretanto, passara a endereçar cartas anônimas, nas quais expressava, mais explicitamente, os sentimentos que vivenciava, deixando claro para a violinista a paixão que não lhe dava tréguas, deixando-a preocupada quanto aos desdobramentos que tal procedimento, no futuro, poderiam ter.



À medida que as cartas iam chegando, Giulia passara a destruí-las, sem tomar conhecimento do seu conteúdo, esforçando-se por se manter esperançosa de que essas desarrazoadas e extemporâneas manifestações chegassem ao fim.

Acostumado ao anonimato que o deixava à vontade para agir, mantendo-se livre de suspeitas, Bruno, sagazmente, acrescentara outra nuança em sua pérfida estratégia.

Assim, entrementes, enviara uma missiva para Giancarlo, na qual, sutilmente, intentava levantar suspeitas quanto à integridade de Giulia, com o condenável propósito de nele semear a desconfiança, desestabilizando-o, na esperança de que, com o passar do tempo, viriam os desentendimentos e a discórdia entre o casal, quiçá, provocando a separação, quando, então, haveria de ter maior liberdade para melhor atuar e, enfim, alcançar o seu infame objetivo.

Ao lê-la, de imediato, o pianista não se deixara influenciar, tampouco se abatera, convicto de que a mente em desequilíbrio do covarde e anônimo autor intentava provocar, por motivo torpe e desconhecido, a discórdia entre os noivos, pois Giancarlo tinha Giulia no mais alto conceito de retidão, isentando-a de qualquer tipo de suspeição. Sendo assim, desvencilhara-se da carta, apagando o seu conteúdo da sua mente e do seu coração, dando por encerrado o insólito e maldoso episódio.

Enquanto isto, Giulia, inconformada com o persistente assédio do abusado e desconhecido emissor, sentira-se impelida a expor os fatos ao noivo para, com ele, dividir o mal-estar crescente que as cartas vinham-lhe provocando. Assim, em momento oportuno, pusera em prática o seu pensamento.

Na referida ocasião, visivelmente encabulada, Giulia passara a narrar ao noivo as desagradáveis ocorrências.

Durante a difícil exposição, o pianista mostrara-se carinhosamente atento, não permitindo, um instante sequer, que o seu olhar, a sua expressão facial ou a sua palavra viessem a ilustrar qualquer resquício de censura à noiva, demonstrando, assim, a plena confiança que nela depositava, convencido de que estava dos seus nobres princípios morais, isentando-a, por consequência, de qualquer culpa pelo ocorrido, atribuindo os inaceitáveis episódios, tão só, à mente perturbada do inconsequente autor.



Em seguida, Giancarlo calmamente relatara a carta anônima de que também fora alvo. Giulia, perplexa, repudiara a audácia e a malignidade do obscuro emissor, albergando em seu doce coração um incômodo sentimento de revolta que, até então, desconhecia.

Giancarlo, sensibilizado pela espontânea reação da noiva, colocara entre as suas, as delicadas mãos de Giulia, dizendo-lhe, com amoroso tom de voz:

— Minha querida. Essa infeliz criatura carece da nossa piedade, pois, deixando-se envolver por sentimentos censuráveis que a sua mente enferma criou, autoflagela-se, sem que você nada tenha feito para que tal ocorresse. Empenhemo-nos para que essas descabidas manifestações não venham abalar os nossos sentimentos, desarmonizando as nossas almas apaixonadas. Aguardemos, pacientemente, que o descontrolado emitente venha a desistir dos seus escusos propósitos.

Um beijo enternecido entre os amantes dera por terminado aquele diálogo, característico das almas que estão empenhadas a exercitarem-se pelas veredas da tolerância e do perdão.

# CAPÍTULO 5

Naquela época, o Fascismo já imperava na Itália, baseado na máxima: "Tudo no Estado, nada fora do Estado, nada contra o Estado".

Por sua vez, Mussolini, o líder italiano, nutria certa simpatia pelas ideias de Hitler e, por esta razão, futuramente haveria de firmar uma aliança com a Alemanha, à qual o Japão também iria juntar-se, formando um fortíssimo e temido grupo de países, mundialmente conhecidos como "Súditos do Eixo".

Transcorria a primeira metade do ano de 1939, quando os boatos acerca da Segunda Guerra Mundial adquiriam, a cada dia, mais consistência, trazendo com eles a preocupação e o medo que se alastravam, principalmente, por toda a Europa.

Assim sendo, os noivos, apreensivos com o duvidoso amanhã, resolveram antecipar o casamento, antes previsto para o final do ano, para meados de junho. Preocupados com as incertezas do momento, decidiram casar-se somente pelas vias legais, numa cerimônia simples, discreta, na qual estariam, tão só, os parentes mais chegados e os padrinhos, evitando, desta forma, qualquer alarde que, no mínimo, seria imprudente e inoportuno, face a conjuntura atual. Assim fora feito.



Tendo em vista as alarmantes notícias que transitavam céleres por todos os cantos do mundo, com o propósito de se prevenirem e se protegerem, caso os boatos se confirmassem, os Levy convidaram os Bloch para um jantar em sua residência a fim de tratarem do grave e palpitante assunto.

Logo após a refeição, todos se dirigiram para a sala-de-estar, quando, então, os diálogos e as opiniões a respeito do procedimento que iriam adotar, caso a Itália entrasse no conflito mundial, se constituíram na tônica da reunião.

Poucas horas depois, de comum acordo, ficara decidido que, se a guerra viesse a se confirmar, todos, o mais rapidamente possível, se destinariam para a propriedade rural dos Bloch, situada relativamente distante da capital, cujas terras se encontravam arrendadas para o casal de lavradores, Vicentino e Domenica, que ali residia.

A habitação era relativamente modesta, típica das casas de campo, porém, muito espaçosa, suficiente para acolher a todos os Levy e Bloch enquanto perdurasse o conflito bélico.

Quando os ponteiros dos relógios apontavam a chegada das 23 horas, as despedidas ocorreram.

Na manhã do dia seguinte, Antonella se dirigira à cidade, para fazer algumas compras, casualmente cruzando-se com Alessia que, pelo mesmo motivo, também se encontrava em grande magazine da capital romana.

Assim, naturalmente, entreteceram amistosa conversação, quando, então, Antonella comunicara que Giancarlo e Giulia haviam se casado, explicando-lhe os motivos pelos quais não convidara a família D'Angelo para participar daquela que fora restrita, discreta e singela cerimônia.

No mesmo dia, enquanto os D'Angelo se encontravam desfrutando apetitoso repasto, Alessia, com naturalidade, relatara o diálogo que houvera mantido com Antonella naquela manhã.

Bruno, surpreendido, profundamente impactado pela notícia, emudecera, ao mesmo tempo em que não tocara mais no alimento.

Nestore, perspicaz, olhando para o filho, logo percebera a palidez que o viera visitar, certificando-se de que Bruno nutria indisfarçável sentimento pela violinista.

Sendo assim, dirigira amenas palavras ao filho, visando arrefecer o choque emocional de que fora objeto.

Todavia, carcomido pelo ciúme e pelo ódio, sem nada responder, absorto em seus íntimos pensamentos, Bruno retirara-se para o quarto para, ali, solitário, curtir o triste momento que passava.

Durante toda a noite não conseguira conciliar o sono, pois Giulia não saía dos seus pensamentos, ao mesmo tempo em que passara a nutrir um ódio mortal por Giancarlo que, na sua ótica desfocada, lhe havia roubado a paz e o seu amor.

Na manhã seguinte, uma forte e inesperada enxaqueca viera fazer-lhe companhia, enquanto o seu corpo alquebrado demandava cuidados.

Na verdade, os fluidos densos provocados pelo ciúme e pelo ódio exacerbados direcionaram-se, incontidos, para o corpo físico do jovem que, com relativa rapidez, assinalara os referidos sintomas.

O médico da família fora chamado, receitando-lhe medicação específica, que, aos poucos, fora aliviando o desconforto que o militar experienciava. Entretanto, assim agindo, o médico acabara por eliminar os efeitos provocados pelo ciúme e pelo ódio, porém, as causas do mal-estar continuaram latentes na alma do jovem, aguardando, tão somente, outro momento, para novamente eclodir, em forma de efeitos, trazendo-lhe outros transtornos e inquietações.

A partir de então, sentindo que a sua ardilosa estratégia junto ao jovem casal não surtira os efeitos que desejava, desiludido, desistira de levá-la adiante, aguardando que uma nova oportunidade viesse a surgir, para, então, colocar em prática outro e, talvez, mais eficaz estratagema.

Poucos meses depois, como já era esperado, a Alemanha invadira a Polônia, transformando-se no estopim que dera início à desastrosa Segunda Guerra Mundial, da qual, logo a seguir, a Itália viera a participar.

*Caro Leitor:*

*Durante as noites claras, sentimo-nos motivados a direcionar o nosso olhar para o firmamento, encantando-nos com sua beleza e vastidão, evidenciando a grandiosa obra divina.*

*Nesse espaço infinito, desfilam galáxias, sistemas, sóis, estrelas, planetas, satélites..., guardando segredos que, só com o passar do tempo, as inteligências humanas irão desvendando.*

*A princípio, imaginávamos que esse espaço se encontrava vazio, sem vida, servindo, tão somente, como pano de fundo por onde transitavam incontáveis corpos celestes, para deleite dos habitantes da Terra e das infinitas moradas do Pai da vida.*

*Na realidade, esse espaço se acha totalmente ocupado pelo que denominamos de fluido cósmico universal, fluido este que envolve e interpenetra todos os corpos, inclusive, logicamente, os dos encarnados e desencarnados que interagem neste planeta azul, palco das provas e expiações de que todos necessitam para poderem vivenciar o evangelho de Jesus e, consequentemente, evoluírem.*

*É justamente nesse espaço estuante, pleno de vida, que os pensamentos emitidos por encarnados e desencarnados transitam livremente, pois nele encontram as condições ideais para se locomoverem, tal qual acontece com o som que se propaga no ar e da eletricidade que se agiliza através da água.*

*Se bem refletirmos, concluiremos que encarnados e desencarnados vivem mergulhados em um imenso mar de pensamentos.*

*Em vista disto, poderemos ser bem ou mal influenciados por pensamentos alheios, como também poderemos bem ou mal influenciar com nossos pensamentos outras pessoas.*

*Por esta razão, tenhamos sempre em conta as responsabilidades que deveremos ter para conosco e para com os outros, empenhando-nos para nos deixar envolver por nobres pensamentos.*

*Por outro lado, ao nos deixarmos enlaçar por pensamentos censuráveis, gradualmente, iremos cristalizando-os em nossa mente, projetando-os, automaticamente, no espaço fluídico que nos rodeia, prejudicando não só a nós mesmos como também aos que com eles se afinizam.*

*Agindo desta maneira, esses pensamentos irão formando configurações que os caracterizam e que são conhecidas como formas-pensamento.*

*Assim sendo, dando asas a esse insensato proceder, passaremos não só a alimentar as tais formas-pensamento, como também por elas sermos alimentados, formando um círculo vicioso de difícil interrupção.*

*Destarte, recrudesce o nosso desequilíbrio mental, dele tornando-nos prisioneiros, fazendo com que deixemos um rastro de desamor por onde transitarmos, comprometendo-nos perante a justiça divina, antessala das nossas futuras enfermidades espirituais e físicas.*

*Todavia, se nos fizermos acompanhar por nobres pensamentos, obviamente, criaremos formas-pensamento com eles compatíveis, presenteando a nós mesmos com a paz que tanto almejamos e que, sem dúvida, irradiaremos a todos aqueles que nos honram com a companhia.*

*Levando-se em conta que "os semelhantes se atraem", os pensamentos vão se unindo a outros de igual teor, formando no espaço o que denominamos de egrégoras.*



*Estas, à medida que vão se nutrindo de pensamentos afins, por exemplo, condenáveis, avolumam-se, passando a influenciar outros tantos seres pensantes, distraídos, imprudentes, influenciáveis, levando-os a comportamentos, atitudes e ações reprováveis, compatíveis com o conteúdo mental que as referidas egrégoras encerram.*

*Assim é que surgem os conflitos, as guerras...*

*Todavia, os pensamentos nobres, elevados, por sua vez, unem-se e avolumam-se, também, formando egrégoras vigorosas, atuantes, mensageiras da harmonia, da paz e do amor.*

*Por estas razões, podemos deduzir as responsabilidades que assumimos com o nosso pensar perante a justiça divina.*

# Capítulo 6

Em 1940, a Itália entra em confronto com a Grécia e, tempos depois, Mussolini envia mais de 200 mil soldados para juntarem-se às tropas nazistas, engrossando as fileiras alemãs na invasão da Rússia.

Nestore, apesar do importante cargo que ocupava no exército italiano e de todo o seu empenho, não conseguira evitar que o filho fizesse parte das referidas tropas, fazendo com que, juntamente com Alessia, vivenciasse tormentosas expectativas e apreensões que um conflito bélico daquelas proporções só poderia causar.

Bruno permanecera ativo em sangrentos combates, até que, poucas semanas após ter-se incorporado ao exército de Hitler, a morte viera em seu encalço, roubando-lhe a vida.

Nestore, o austero militar, tão logo fora informado a respeito do funesto acontecimento, entrara no mais profundo abatimento, permitindo que lágrimas, até então encarceradas na intimidade da sua alma frígida, brotassem livremente através dos seus olhos, denunciando as dores pungentes que seu coração de pai vivenciava.

Desolado, como que robotizado pelo sofrimento, destinara-se para sua residência a fim de dar a triste notícia à esposa para, juntos, enfrentarem a suprema infelicidade que o destino lhes havia reservado.



Alessia, por sua vez, naquele fatídico dia, estranhamente apreensiva no tocante ao nebuloso futuro do filho, sentira-se estimulada a buscar uma foto em que Bruno se encontrasse, na esperança de amenizar a saudade atroz que dele sentia e que, indomável, transitava pelos meandros do seu bondoso coração de mãe.

Concentrada na fotografia, deleitando-se com a imagem sorridente do filho, não se apercebera de que o esposo havia chegado e que, a passos lentos e silenciosos, viera em sua direção, postando-se ao seu lado.

Com a voz embargada, traduzindo a excruciante tristeza que, impiedosa, o enlaçava, Nestore lhe dissera:

— Minha querida.

No mesmo instante, sobressaltada pela presença extemporânea do esposo àquela hora do dia, ao mesmo tempo apreensiva pelo incomum tom de voz com que Nestore lhe dirigira a palavra, súbita, levantara-se da poltrona onde, até então, se encontrava, completamente absorta em seus mais íntimos pensamentos.

Ao destinar seu olhar receoso para o marido, cujo semblante denotava angustiante tristeza por ele jamais ilustrada, Alessia sentira como se uma punhalada rasgasse suas entranhas, fazendo-a antever a infausta notícia que Nestore estava prestes a lhe dar.

Naqueles instantes, somente a dolorosa voz do silêncio se fizera ouvir na intimidade daqueles corações que, abraçados e chorosos, experimentavam a mais dorida das agonias e das aflições.

Em seguida, abraçando-a, Nestore aproximara os seus lábios dos ouvidos de Alessia, dizendo-lhe, lamentoso:

— Alessia, infelizmente, nosso querido Bruno morreu em combate, deixando-nos como única consolação o fato de ter cumprido com heroísmo e determinação as responsabilidades que a nação italiana lhe atribuiu. Daqui para frente, estaremos sós, tendo como único alento a saudade dos bons tempos em que o nosso filho nos fazia companhia.

Alessia, em prantos, nada dissera, tornando-se refém da dor da irreparável perda. Veramente abalada, acabara por perder os sentidos, sendo amparada pelo esposo que, de pronto e preocupado, a acomodara no sofá.

Imediatamente, apelara para a serviçal, com o propósito de vir ajudá-lo na recuperação da esposa, o que ocorrera instantes depois, aliviando a tensão que havia sido provocada pelo repentino mal-estar de Alessia, face a impactante notícia que recebera.



Ainda entontecida, ilustrando por meio das lágrimas abundantes a indescritível melancolia que seus olhos irradiavam, dissera com a voz quase inaudível:

— Estamos sós, inapelavelmente sós, prisioneiros da dor e da saudade.

Dito isto, como que, por encanto, as lágrimas desistiram de aflorar, ao mesmo tempo em que inquestionável torpor a envolvera, anestesiando-a, para, assim, poder dar continuidade à vida.

Naqueles doridos momentos, ocorrera que o mentor espiritual de Alessia a enlaçara com fluidos apaziguantes, consoladores, com o propósito de fazê-la resignar-se diante do irrevogável acometimento, evitando que o seu corpo físico viesse a sofrer as consequências do contundente impacto emocional por que passara. A providencial assistência espiritual, sem dúvida, surtira o efeito desejado.

Prisioneiro das responsabilidades que havia assumido junto às forças armadas, Nestore, no dia seguinte, já se encontrava na lida, mantendo-se ocupado por todo o tempo, distanciando-se das ocorrências que não diziam respeito à guerra que, a cada dia, se tornava mais acirrada.

Ao retornar para casa, após um apreensivo e estafante dia de trabalho, Nestore encontrara a esposa folheando um dos álbuns de fotografias, enlaçada por indescritível nostalgia, expondo as dores lancinantes que emergiam das profundezas da sua alma dilacerada.

Ao se aproximar dela, notara-a absorta, apreciando a foto que havia sido tirada por ocasião do jantar que a família Levy, há tempos, os havia convidado, enquanto que, com os dedos, como que acariciasse o rosto do filho, naquela ocasião pleno de vida.

Tentando não se tornar inoportuno nem tampouco assustá-la com a sua presença, suavemente colocara a mão no ombro da esposa, tirando-a da concentração da qual se encontrava cativa, dando-lhe ciência de que havia chegado. Instintivamente, sem tirar, por um só instante, o olhar da fotografia, Alessia colocara, delicadamente, sua mão sobre a do esposo, como se o estivesse convidando para também apreciar o retrato, enquanto lágrimas sentidas deslizaram pelas suas faces, expressando o sofrimento e a saudade que sentia do filho.

Atendendo-lhe o silencioso pedido, Nestore assentara-se ao lado para, juntos, vivenciarem aqueles saudosos momentos.



Instantes após, acossado por Espíritos malsãos que lhe acompanhavam a jornada terrena, o militar, uma vez mais, por eles se deixara influenciar, a ponto de fazê-lo transformar a saudade que sentia do filho em um confuso e insensato sentimento, mesclado pela inveja e pela revolta.

Enquanto os seus olhos se mantinham direcionados para o álbum de fotos, seus pensamentos voejavam enfeitiçados pelo desamor, distanciando-se, cada vez mais, dos sublimes ensinamentos do Cristo Jesus.

Irresignado com a morte do filho e influenciado por aquelas maldosas entidades, Nestore passara a questionar a bondade e a justiça divinas que, na sua ótica perturbada pela inconformação, imerecidamente premiava alguns enquanto, injustamente, castigava outros.

Deixando-se envolver por estes pensamentos descabidos, doentios até, assim passara a pensar:

— Estes judeus, estes esnobes Levy enriqueceram sabe lá de que forma e à custa de quem e, assim mesmo, foram premiados pela companhia do filho e dos seus queridos, enquanto eu e Alessia estamos sós, sem o nosso Bruno, tendo por companhia a tristeza e a saudade sem fim.

Sendo assim, os Espíritos ignorantes que o assistiam, cada vez mais o aprisionavam em suas teias pegajosas de desamor, fazendo com que agravasse o ódio insensato que nutria pelos Levy, sentindo-se instigado a, oportunamente, fazê-los não só passar por humilhações como também curtirem as dores que vivenciavam pela perda prematura do filho.

O tempo fora escoando pelos riachos da vida e, com ele, cristalizara-se na mente desequilibrada do soberbo militar, essa ideia descabida, aguardando, tão só, o momento propício para transformá-la em ação, saboreando suas repercussões.

Os boatos de que o exército alemão estava prestes a ocupar a Itália fizeram com que as famílias Levy e Bloch se apressassem em colocar em prática o plano de fuga que, há tempos, haviam engendrado, visando se distanciarem e se protegerem dos carrascos nazistas, especialistas em ceifarem vidas e vidas, sem o mínimo resquício de compaixão.

Destarte, algum tempo antes que as tropas alemãs ocupassem o centro e o norte da Itália, como depois realmente o fizeram, as referidas famílias judias já se encontravam instaladas na propriedade rural dos Bloch, na expectativa de que, ali, disfarçados em trabalhadores do campo, pudessem ludibriar os alemães, caso para lá se dirigissem, mantendo-se vivos e livres, esperançosos de que os conflitos bélicos chegassem ao seu final.

Tão logo os súditos de Hitler começaram a gerir, com mãos de ferro, o país, passaram a promover, não só a busca impiedosa aos refugiados dos países conquistados, mas também a caça implacável aos judeus, seus desafetos viscerais, domiciliados em solo italiano.

Surgira, enfim, para Nestore, a oportunidade que tanto esperava para pôr em execução as suas ideias nefastas, satisfazendo seu ego insano, prisioneiro da revolta e da inveja desarrazoadas.

Assim, com o passar do tempo, o altivo militar se propusera a mandar seus soldados em busca dos Levy para subjugá-los e prendê-los sem maiores explicações.

Entretanto, as buscas não surtiram o efeito desejado, pois os Levy não foram encontrados em nenhuma das suas moradias.

Tão logo Nestore tomara conhecimento do malogro da infame operação, vivamente encolerizado, convocara a presença dos seus subordinados ao seu gabinete, ordenando-lhes, autoritário, que se empenhassem em descobrir o paradeiro dos ditos judeus e os aprisionassem sem nenhuma comiseração.

Após algum tempo de intensas buscas, seus comandados, finalmente, conseguiram veladas informações a respeito de um tal Donato que, tudo fazia crer, coordenava um grupo de voluntários, incumbidos de transportar e abrigar em lugares, a princípio, mais seguros, os imigrantes e os judeus, com o objetivo de protegê-los e camuflá-los, para, assim, poderem safar-se do despótico e cruel jugo nazista.

Devidamente informado, Nestore ordenara que trouxessem o suspeito à sua presença, pois haveria de submetê-lo a rigoroso e contundente interrogatório, objetivando conseguir as informações que tanto esperava. Assim fora feito.

Submetido a abomináveis suplícios, exaurido em suas forças, Donato acabara confessando as atividades que, na calada da noite, desempenhava, delatando as pessoas e as famílias que haviam sido transportadas, assim como os locais onde poderiam ser encontradas.

Desta forma desumana, Nestore ficara sabendo que os Levy, há poucos meses, haviam deixado a capital romana, dirigindo-se para distante zona rural situada ao norte do país, na tentativa de livrarem-se da perseguição alemã.



Sagaz, prevendo que os referidos judeus poderiam utilizar-se da artimanha do disfarce para confundirem os soldados que os pretendiam capturar, Nestore convocara a presença de Abramo, oficial italiano da sua inteira confiança, ao seu gabinete, para incumbi-lo da busca e aprisionamento dos citados judeus, bem como transmitir-lhe informações importantes, a respeito das características específicas de cada um dos foragidos.

Prontamente, entregara ao subordinado uma discreta carteira de couro, em cujo interior se encontrava a fotografia que, tempos atrás, fora objeto das saudosas apreciações de Alessia e dele próprio, na qual, estavam ilustrados os integrantes das famílias Levy, Bloch e D'Angelo.

Na foto, setas em vermelho indicavam as pessoas que estavam sendo procuradas, visando não só facilitar a missão para a qual o oficial militar fora designado, como também eliminar qualquer dúvida que, eventualmente, pudesse surgir no tocante ao reconhecimento dos foragidos.

No dia seguinte ao recebimento da referida incumbência, Abramo e reduzido grupo de soldados rumaram para o local que lhes fora indicado, propondo-se a encontrar e prender os judeus em questão, encaminhando-os, imediatamente, para o campo de concentração, situado na mesma região, porém, consideravelmente distante de onde se encontravam.

Dois dias após a partida, os militares, sem maiores dificuldades, se depararam com a propriedade onde os Levy e os Bloch estavam domiciliados, lá adentrando com a arrogância e a rusticidade que os distinguiam, provocando pungentes incertezas e incontido temor em todos os que ali se encontravam.

Logo após terem sido questionados a respeito das suas identidades pelo rude militar, Marcelo, corajosamente, tentara convencê-lo de que todos que ali estavam eram lavradores, sediados no campo há já considerável tempo.

Entretanto, com um sorriso irônico, sagaz e desdenhoso, Abramo, prepotente, lhe dissera:

— Deixe de mentiras, judeu hipócrita, pois sei muito bem quem são vocês. Não menospreze a minha inteligência, pois será pior para todos. Vamos, perfilem-se, rápido.

Dito isto, tomando nas mãos a carteira que continha a foto dos procurados, passara, olho no olho, a identificá-los, um a um, tomando todo o cuidado para não cometer enganos.



Naqueles tormentosos momentos, Giancarlo notara que a foto na qual o oficial se baseava para reconhecê-los era a mesma que, tempos atrás, houvera presenteado aos D'Angelo, deduzindo, profundamente desolado, terem sido eles os mandantes da intempestiva e maldosa apreensão.

Com o olhar mesclado de desdém e soberbia, Abramo ordenara aos seus comandados que prendessem todos os identificados, conduzindo-os em direção ao veículo militar que se encontrava camuflado, próximo do local onde estavam.

# Capítulo 7

A viagem para o campo de concentração fora exaustiva, constrangedora e silenciosa, eivada dos mais pessimistas e atemorizantes pensamentos por parte dos prisioneiros, que se sentiam impotentes, inapelavelmente à mercê dos terríveis seguidores do Führer.

Ao longo do percurso, Abramo, inconveniente, por diversas vezes direcionara o olhar sensual para Giulia, encantado que estava pela beleza e pela delicadeza dos gestos e atitudes da violinista, deixando-se dominar por pensamentos malévolos, lascivos, que passaram a fazer-lhe insistente companhia.

Prepotente, altivo, em nenhum instante tentara, ao menos, disfarçar os sentimentos condenáveis que circulavam na intimidade do seu ser, fazendo com que Giancarlo a tudo presenciasse, tornando-se, assim, refém do ciúme que, a partir de então, não mais o abandonaria.

Segurando as delicadas mãos da esposa, Giancarlo tentava protegê-la do insistente assédio visual que Abramo lhe destinava e que, sem dúvida, a deixava incomodada, apreensiva quanto aos desdobramentos que, com o passar do tempo, poderiam vir a ocorrer, face ao inescrupuloso procedimento do rústico militar.



Indiferente ao que o pianista e os demais prisioneiros poderiam pensar, Abramo fazia questão de encará-los com declarada arrogância, demonstrando, assim, seu absoluto domínio sobre os aprisionados, inapelavelmente submissos aos seus desejos e deliberações.

Tão logo chegaram ao campo de concentração que lhes havia sido destinado, exaustos e abatidos, os prisioneiros foram hostilmente separados, sendo os homens e as mulheres encaminhados, respectivamente, para as alas masculina e feminina, quando então uma angústia avassaladora lhes envolvera os corações, fazendo-os imaginar que nunca mais haveriam de se encontrar, deixando que lágrimas abundantes viessem denunciar as dores lancinantes que suas almas experienciavam naqueles trágicos e inesquecíveis instantes.

Iniciava-se, assim, o martírio que as famílias Levy e Bloch haveriam de vivenciar, deserdadas que foram dos tesouros da liberdade, literalmente nas mãos impiedosas dos terríveis súditos do eixo, dominados que estavam pela mente enfermiça e cruel de Hitler.

Nestore, tão logo fora informado a respeito da prisão dos judeus, sentira-se visitado por insólita satisfação, própria das almas gélidas, cativas do egoísmo contumaz e da impiedade que nelas fizeram perturbadora morada.

Sofrendo inenarráveis humilhações e maus-tratos, submetidos a pesados trabalhos, incompatíveis com as suas forças físicas, saudosos dos seus entes queridos, angustiados e desesperançados no porvir, ao cabo de alguns meses, com exceção de Giancarlo e de Giulia, um a um dos integrantes das honradas famílias judias foram dando adeus à vida, rumando para a pátria espiritual, com as almas combalidas, enredadas pela saudade, pela melancolia e pela desilusão.

Enquanto isto, Abramo, constantemente chicoteado pelo irrefreável desejo de ter Giulia em seus braços, tudo fazia para poupá-la das tarefas mais desgastantes, com o propósito de fazê-la perceber a afeição que lhe dedicava, esperançoso de que, assim procedendo, a violinista se tornasse menos arredia, possibilitando-lhe uma maior aproximação.

Todavia, Giulia permanecia impassível às atitudes e aos olhares indiscretos, persistentes e desaforados do ardiloso militar que, com o passar do tempo, veramente despeitado, passara a alimentar a ideia infamante de tê-la em seus braços, custasse o que custasse, para satisfação dos seus voluptuosos desejos.



Assim maquinando, convocara Giulia para vir a sua presença, incumbindo-a, quando assim desejasse, da limpeza do seu gabinete de trabalho, ocasiões estas que haveria de desfrutar da sua presença por mais tempo, possibilitando-lhe colocar em prática a ideia sinistra que sua mente desequilibrada, há tempos, engendrara.

A partir do recebimento daquela inesperada e preocupante notícia, Giulia se desestabilizara, prevendo os dias difíceis que, logo mais, haveria de ter de enfrentar.

Destarte, em um caloroso final de tarde, não conseguindo esquivar-se dos febris apelos da luxúria, Abramo entregara-se, de corpo e alma, à execução do seu desatinado plano, seviciando, desrespeitando a intimidade física de Giulia, obrigando-a a passar por momentos de insofismável pavor e repulsa, quando, então, deixara-se envolver pela mais profunda desilusão acerca dos seres humanos e da própria existência.

*Caro Leitor:*

*Durante o processo evolutivo, nosso princípio inteligente percorre, em sequência, os reinos mineral, vegetal, animal e, por fim, o hominal, vivenciando, em cada um deles, experiências riquíssimas que irão se transformando nas bases fundamentais que nortearão nossa caminhada pela esteira do tempo.*

*No reino mineral aprendemos a vibrar, no vegetal aprimoramos a sensibilidade, no animal adquirimos o instinto e no hominal conquistamos a razão.*

*Assim sendo, no transcorrer desse ciclo de aprendizados, nosso princípio inteligente foi adquirindo incontáveis conhecimentos, alcançando o seu ápice, pensávamos, quando, enfim, houvesse adquirido a razão.*

*Todavia, através das experiências vivenciadas na esteira das nossas encarnações, fomos sentindo a necessidade de galgarmos outro importante degrau em nossa escalada evolutiva.*

*A razão que, até então, era considerada como o ponto mais alto do conhecimento, passou a ser mais profundamente analisada, impelindo-nos a deduzir que, ela, a razão, constitui-se, na verdade, em um trampolim para que venhamos a alcançar um outro e fundamental patamar no carreiro incansável da nossa evolução e que denominamos de Consciência.*

*Enquanto a razão, em grande parte das vezes, é tendenciosa, focada em nós mesmos, em nossos interesses e desejos, a consciência vai muito mais além, incluindo o próximo no rol dos nossos pensamentos, palavras, atitudes e ações, logicamente voltadas para o bem.*

*Assim sendo, poderíamos enumerar um sem número de situações em que se defrontam e duelam razão x consciência, cabendo a cada um de nós decidir qual delas será a vencedora.*

*É do nosso conhecimento a existência de criaturas nas quais a razão egoística sempre prepondera, fazendo-nos concluir que ainda ignoram os nobres sentimentos, agindo fria e calculadamente, sem darem a mínima atenção às aflições e às dores alheias, como se os irmãos sofridos do caminho fossem insensíveis, desprovidos de sentimentos e necessidades.*

*Por outro lado, iremos encontrar outros seres humanos que já principiaram a perceber nas entranhas das suas almas a existência de alguns flashes de fraternidade, sentindo-se, por isto, motivados a fazer algo em favor do próximo carente e necessitado.*

*Entretanto, ainda titubeiam e, não raro, deixam-se dominar, uma vez mais, pela razão egoística que ainda os envolve e os aprisiona, desistindo de bem agir, perdendo a oportunidade de exercitarem-se pelas estradas perfumadas do amor.*

*Felizmente, mais adiante, em nosso percurso existencial, também iremos nos deparar com outras tantas criaturas que não mais se encontram indecisas, intimidadas, temerosas, fazendo uso da Consciência Plena em todos os momentos e em todos os campos das suas atividades, sejam elas familiares, profissionais, sociais..., vivenciando o amor incondicional junto a todos aqueles que cruzam os seus caminhos, colaborando para que um mundo melhor venha a se descortinar, onde a paz e o amor sejam as bandeiras a tremularem nos corações.*

*Enfim, para que possamos alcançar e, consequentemente, desfrutar das benesses desta Consciência Plena, é nosso dever propormo-nos, muitas vezes, a transitar pelas veredas da renúncia, pensando, falando, atuando, agindo em todos os instantes, como se Ele, o Mártir da Cruz, estivesse em nosso lugar.*

*Nestore fazia parte do primeiro grupo de pessoas, nas quais a razão egoística prepondera, comandando os pensamentos, palavras, atitudes e ações.*

A partir daquele infeliz episódio, Giulia entrara em profundo abatimento.

Violentada no seu direito de mulher e de cidadã, obrigada a passar pelas mais abomináveis e constrangedoras situações, subjugada a seres humanos destituídos de quaisquer resquícios de humanidade, conduzidos tão só pelos seus impiedosos e animalescos instintos, distanciados que estavam das veredas aveludadas da caridade, a violinista rendera-se à desesperança, deixando-se abraçar por atroz melancolia que dela não mais se afastara.

Abramo, por sua vez, notando o depauperamento que Giulia ilustrava, passara a temer pela sua vida, empenhando-se para livrá-la de trabalhos mais pesados com o único e intencional propósito de proteger e de preservar aquela que fora seu condenável objeto de prazer, deixando cada vez mais explícito aos demais prisioneiros o seu caráter injusto, despótico e tendencioso.

Três dias haviam transcorrido desde aquele aviltante acontecimento, quando Giulia, enfraquecida e desacorçoada, não conseguira levantar-se do humilde e desconfortável leito que abrigava seu corpo debilitado, demonstrando que, a continuar assim, exaurida e desalentada, correria o risco de despedir-se da vida que, nos últimos dias, a obrigara a percorrer os caminhos íngremes da resignação.

Aprisionada ao catre que amparava seu corpo quase desfalecido, Giulia deixara-se enlaçar pelo sono, possibilitando que sua alma dele se libertasse, voejando, magnetizada, em direção a Giancarlo, arrefecendo, assim, a imensa saudade que dele sentia.

Ao dele se aproximar, notara-o também abatido, desalentado, deixando transparecer pelo seu rosto emagrecido a angústia pungente que o assaltava e que o estava consumindo.

Docemente, do esposo se acercara, acarinhando-o, assim permanecendo até que o sono o viera abraçar, convidando seu corpo ao descanso e ao refazimento, enquanto que suas almas, temporariamente libertas dos seus respectivos veículos carnais, se encontraram, ensejando-as a desfrutar raríssimo momento de paz, aplacando a saudade que não lhes dava tréguas.

Giulia, ao despertar, apesar do seu notório exaurimento e do seu imprevisível amanhã, sentira uma paz indefinível vir visitá-la, própria das criaturas sensíveis, espiritualizadas, que, com incontestável resignação, enfrentam as vicissitudes que a vida lhes impõe, entendendo-as como benfazejas e enriquecedoras lições.

Giancarlo, ao contrário, acordara intranquilo, revoltado com a situação degradante que estava sendo forçado a passar, à mercê de criaturas cruéis, impassíveis às humilhações e sofrimentos alheios, deserdados do mais insignificante respeito e compaixão para com os irmãos de jornada.



Desta forma pensando, martirizava-se, dando asas à sua imaginação, culpando Nestore pelos atrozes sofrimentos que os Levy e os Bloch foram obrigados a passar e que ele e Giulia ainda estavam experienciando.

Desequilibrado, deixara-se envenenar pelo deplorável sentimento de vingança, passando a endereçá-lo a todos aqueles que, de uma forma ou de outra, haviam se transformado em contundentes instrumentos da sua desdita.

A partir do início da noite daquele mesmo dia, Giulia, visivelmente debilitada, não mais conseguira abrir os olhos, entregando-se, pouco a pouco, à morte que, com teimosa persistência, a espreitava.

Assim, aquela alma sensível e delicada, suavemente se desprendera do seu envoltório carnal, sendo, de imediato, amparada por abnegadas entidades espirituais que acompanhavam seus derradeiros momentos neste planeta de provas e expiações, conduzindo-a, amorosamente, para local escolhido, a fim de usufruir, gradualmente, do devido e meritório refazimento.



Naquele exato momento, Giancarlo fora impactado por inesperada e contundente angústia, acompanhada por dilacerante saudade, tornando-se, assim, refém da mais profunda melancolia.

Durante toda a noite permanecera acordado, cativo de desconfortante e persistente apreensão.

Na manhã do dia seguinte, chegara aos seus ouvidos que Giulia falecera, vitimada não só pelos maus-tratos a que fora submetida, como também, veladamente lhe insinuaram, por ter sido cruelmente violentada pelo desumano Abramo.

No mesmo instante, Giancarlo perdera o controle de si mesmo e, aos gritos, passara a culpar Nestore e Abramo pela triste ocorrência. Apesar de os seus companheiros de infortúnios tentarem acalmá-lo, não o conseguiram, quando, então, os soldados comandados por Abramo vieram em seu encalço, imobilizando-o, algemando-o, sem a mínima comiseração.

Alucinado pela dor da perda da criatura amada, Giancarlo não parara um só instante de esbravejar, dizendo, enfurecido:



— Malditos assassinos! A vida irá puni-los, hoje ou amanhã, tenham a certeza disto!

Ato contínuo, aos empurrões, fora levado para local isolado, onde, minutos depois, completamente exaurido em suas forças, com a alma em farrapos, dilacerada por inenarrável sofrimento, Abramo ordenara o seu sumário fuzilamento, quando, então, Giancarlo partira para o além, levando consigo o ódio e o desejo incontido de vingança.

Nestore, por sua vez, há já algum tempo, tanto no convívio familial, social, como no profissional, vinha demonstrando preocupante alternância de humor, mesclando momentos de profunda apatia a outros de instintivos, arrogantes e, por vezes, inadequados procedimentos, acabando por comprometer suas decisões e a sua própria função de comando.

Destarte, deixando-se, pouco a pouco, enlaçar por tenaz desequilíbrio, seus superiores hierárquicos acabaram por decidir afastá-lo das hostes militares, pois concluíram não mais reunir condições para tal, sendo, simplesmente, orientado a procurar tratamento médico específico e a aposentar-se, o que mais tarde ocorrera.

# Capítulo 8

Os comandados de Hitler, pouco a pouco enfraquecidos, foram perdendo as rédeas do poder arbitrário e desumano que, há tempos, haviam implantado.

Sendo assim, em momento estratégico e oportuno, as tropas aliadas adentraram, vitoriosas, o solo italiano, de lá expulsando os nazistas que, vencidos e humilhados, partiram em retirada, não deixando dúvidas de que os conflitos haviam chegado aos seus derradeiros episódios, possibilitando que a paz estendesse os seus braços aveludados, amparando as almas alquebradas que haviam vivenciado dias de abominável terror e sofrimentos.

O campo de concentração onde os Levy, os Bloch e os demais prisioneiros haviam passado indescritíveis martírios, com a vexatória e precipitada fuga das tropas alemãs das suas dependências, automaticamente se desativara.

Naqueles momentos, em que se mesclavam as alegrias da liberdade e a indignação pelas sevícias a que foram submetidos, os ex-prisioneiros, deixando extravasar o ódio que haviam represado em suas almas, partiram para condenável e selvagem desforra, aprisionando Abramo, submetendo-o a insistentes humilhações e suplícios, até que a morte, como se para ele fosse o mais esperado dos presentes, o viera abraçar.



Ao desprender-se do seu corpo judiado e sem vida, o Espírito Abramo, já no além, fora recebido por um magote de entidades ignorantes acumpliciadas na maldade sem limites, que, até há pouco, quando encarnado estava, o acompanhavam, insuflando-o a tomar atitudes deploráveis, torturando e tirando a vida dos infelizes prisioneiros de guerra que se encontravam sob o jugo da sua impetuosa e despótica autoridade.

A essas entidades malsãs, vieram juntar-se os Espíritos dos prisioneiros que haviam perdido a vida, devido aos maus-tratos que

Abramo, sem piedade, os havia submetido, fazendo com que trouxessem, como herança destes padecimentos, o ódio feroz a exigir-lhes incondicional vingança.

Envolvidos por esse reprovável sentimento, juntaram-se àquelas entidades, passando também a assediar o Espírito Abramo, não lhe dando um só momento de paz, atiçados que estavam pelos tentáculos da desforra.

Assim agindo, distanciando-se das veredas do perdão, esses Espíritos comprometiam-se perante a justiça divina que, incansavelmente, nos alerta no sentido de que haveremos de colher o que viermos a semear.

Quanto ao Espírito Giancarlo, devido à semelhança de vibrações, como que robotizado, filiara-se a esse condenável grupo, sem mesmo saber como e porquê ali se encontrava, acompanhando-o em suas contundentes manifestações.

Abramo, portanto, imediatamente após o seu desencarne, iniciara a percorrer o calvário por ele mesmo traçado quando ainda se encontrava encarnado, arbitrando, sem compaixão, sobre a vida e a morte de submissos, indefesos e apavorados seres humanos.

Somente o tempo haveria de aplacar-lhe os sofrimentos e, tão logo o seu Espírito endividado passasse a evidenciar os primeiros sinais de arrependimento pelos crimes que houvera cometido, a misericórdia divina enviaria seus emissários para recolhê-lo dos charcos pestilentos em que se encontrava reparando suas faltas, conduzindo-o à colônia de refazimento, preparando-o para uma nova encarnação.

Os dias, semanas, meses foram passando e, com eles, gradual e resignadamente, auxiliados pelas inúmeras obrigações e responsabilidades que a vida lhes impunha, as criaturas foram colocando os horrores da guerra no baú do esquecimento.



Quanto a Nestore, além de sentir-se humilhado e ressentido por ter sido, como que exonerado do exército, somava-se também a sua inconformação com a morte prematura do filho Bruno, culpando a Deus pelo infortúnio, cristalizando essa ideia insana em sua mente em desequilíbrio, tornando-se, assim, escravo da enfermidade conhecida como depressão.

Veramente inconformado com os ditames da vida, e nada fazendo para compreendê-los como lições benditas e esclarecedoras, destinadas à sua alma em desalinho com os sábios e amorosos ensinamentos do Sublime Peregrino do amor, autoenjaulara-se nessa terrível situação depressiva, que, desde priscas eras, assedia grande parte da humanidade.

Alessia, preocupada com o quadro que Nestore ilustrava, apelara para o concurso do doutor Vincenzo, na expectativa de que pudesse sanar ou pelo menos minimizar o mal que acometia o esposo.

Assim, após detidamente examiná-lo, o facultativo diagnosticara que o militar passava por preocupante processo depressivo, sentindo-se impelido a receitar-lhe potente e específica medicação, esperançoso de que, assim agindo, viesse, pouco a pouco, a ajudar o seu paciente a recuperar-se, dando continuidade às responsabilidades que a vida lhe endereçava.

Entretanto, mesmo medicado e assistido pelo competente doutor, Nestore fora deixando-se enlaçar, cada vez mais, pelo desânimo, perdendo, gradualmente, o interesse pela vida.

Ferido em seus ilusórios brios, desiludido com tudo, com todos e consigo mesmo, pois se sentia incapaz de vencer o desânimo que o escravizava,

Nestore rendera-se, inapelavelmente, a mais profunda prostração.

Sendo assim, não só perdera o apetite, como também o desejo de dialogar com a própria esposa, que tudo fazia para livrá-lo desse jugo cruel.

Tendo o mutismo como desagradável companhia, aos poucos, Nestore passara a manter-se por longas horas refugiado ao leito que acolhia seu corpo cansado e desnutrido, dele se afastando, tão só, para atender às necessidades físicas que, de tempos em tempos, o visitavam.



Da própria higiene corporal procurava esquivar-se e, quando a ela recorria, o fazia com extrema má vontade, impelido pelos constantes e conscienciosos apelos da esposa.

Alienara-se de tudo, curtindo, assim, a mais penosa solidão.

Na verdade, o que de fato ocorria é que Nestore passara a ser molestado pela mesma chusma de Espíritos rancorosos que também assediavam o Espírito Abramo, ensandecidos que estavam pelo desejo odiento de vingança a todo custo, convencidos de ter sido o militar o mentor dos padecimentos, que, quando ainda estavam encarnados, lhes foram cruelmente impostos.

Desta forma, encontrando a devida receptividade vibratória por parte da mente em desassossego de Nestore, passaram, insistentemente, a espicaçá-lo, a ponto de induzi-lo a crer-se perseguido, correndo risco de morte, infundindo-lhe pânico desarrazoado.

Assim molestado, no mais absoluto silêncio, o militar mantinha-se atrelado ao leito, na vã expectativa de que, dessa forma agindo, estaria despistando os malfeitores que sua mente enferma detectava e que pretendiam tirar-lhe a vida.

Certa manhã, quando Alessia se encontrava atarefada na cozinha, juntamente com Belmira, a serviçal da casa, preparando o desjejum para o esposo, ambas ouviram ruídos estranhos provindos do quarto do casal, característicos de objetos sendo atirados ao chão, fazendo com que, apreensivas, para lá, de imediato, se dirigissem, a fim de constatarem o que estava ocorrendo.

Em lá chegando, encontraram Nestore furioso, tresloucado, como se estivesse possuído, atirando a esmo, no chão e nas paredes, vários objetos, delatando, claramente, o descontrole emocional que o enlaçava.

Enquanto Alessia dele se aproximava, na tentativa de acalmá-lo, Belmira fora telefonar para o doutor Vincenzo, solicitando sua urgente presença na residência dos D'Angelo.

Alessia, com palavras carinhosas, procurava assossegar o esposo, entretanto, ao tentar segurar suas mãos, Nestore, com os olhos congestos e esbugalhados, com a voz atemorizante lhe dissera impositivo:

— Saia de perto de mim. Quero distância de tudo e de todos. Deixe-me em paz.

Enquanto essas cenas se desenrolavam, o Espírito Giancarlo, que havia se juntado ao grupo de entidades malfazejas que molestavam o militar, regozijava-se com os padecimentos que lhe endereçavam, fazendo-o desfrutar o prazer mórbido da vingança, sem que houvesse participado das agressões mentais que Nestore estava sendo alvo, sentindo-se, equivocadamente, isento de qualquer culpa nesse episódio.

Todavia, na mais profunda intimidade do seu Espírito desatinado, algo como que um indefinível desconforto se fazia presente: era a sua consciência que tentava alertá-lo para seguir pelas veredas floridas e perfumosas do perdão.

Impactada pela atitude hostil, inabitual e inesperada do esposo, características estas das criaturas que se deixam abraçar pela contundente subjugação espiritual e que Alessia desconhecia, dele se afastara, apreensiva e temerosa quanto aos desdobramentos que poderiam advir, face ao evidente desequilíbrio mental de que Nestore havia se tornado refém.

Aos poucos, o militar fora se deixando envolver por silenciosa acalmia, quando, meia hora depois do desagradável incidente, a campainha soara, anunciando que o doutor havia chegado.

Influenciado pelos seus algozes espirituais, Nestore recebera o facultativo com inquestionável enfado, cumprimentando-o, secamente, sem mesmo dirigir-lhe o olhar.



Sem perda de tempo, o competente doutor, que ignorava as verdadeiras causas que desequilibraram emocionalmente o seu paciente, diagnosticara que Nestore estava, desta feita, sendo acometido por evidente e agressivo quadro depressivo, exigindo suas urgentes e específicas providências a esse respeito, na tentativa de fazê-lo retornar ao seu equilíbrio, arrefecendo a crise de que estava sendo alvo.

Sem delongas, aplicara-lhe forte medicação, fazendo com que, minutos depois, torporizado,

Nestore se deixasse abraçar por sono profundo, fazendo com que todo o ambiente experimentasse a tranquilidade que todos ansiavam, sem, contudo, apagar as preocupações que, a partir de então, passaram a ser uma constante na vida de Alessia.

Após os devidos esclarecimentos e recomendações quanto à medicação que haveria de ser ministrada ao seu paciente, o doutor Vincenzo se despedira, comprometendo-se a acompanhar o desenrolar das esperadas melhoras de Nestore.



Instantes após, a passos lentos, visivelmente pensativa e preocupada, Alessia encaminhara-se ao florido jardim de inverno e, diante da imagem do Mártir da Cruz, respeitosamente se ajoelhara, deixando extravasar as apreensões que a rodeavam, dizendo, emocionada:

— Jesus, só Vós sabeis o sofrimento lancinante que me vi impelida a vivenciar quando meu querido Bruno tivera sua vida prematuramente ceifada, quando servia à pátria nos campos de batalha. As lágrimas que, constantemente, emergem dos meus olhos cansados, carregados da mais intensa amargura, molhando o meu rosto entristecido, expressam, palidamente, as dores da separação e da saudade que me vejo movida a aceitar e, com elas, resignadamente, conviver. De uns tempos para cá, sinto que Nestore está perdendo o interesse pela vida, entregando-se ao mais profundo desalento, definhando, dia a dia, como se seres invisíveis o estivessem assediando, sugando-lhe as energias, roubando-lhe a paz e o sagrado direito de viver. Sinto que meu esposo está perdendo a coragem de lutar, pouco a pouco desertando da vida. É com o coração entristecido, prisioneiro da mais dorida solidão que, de joelhos, me encontro diante de Vós, suplicando-Lhe interceder em favor do meu amado, devolvendo-lhe a saúde e a paz de que se encontra tão necessitado e carente.



Após ligeira pausa, Alessia continuara:

— As lágrimas que agora, neste exato instante, deslizam pelas minhas faces, Vós sabeis, não são mais de tristeza, e sim da mais sincera esperança de que minha rogativa será por Vós atendida, fazendo com que a depressão que castiga meu querido esposo, aos poucos, vá sendo amenizada, possibilitando-lhe retornar à vida.

Logo após terminar a comovida oração, Alessia se dirigira ao quarto onde Nestore se encontrava, constatando, feliz, que o mesmo continuava abraçado pelo sono, ilustrando em seu semblante a serenidade que o visitava.

Durante a sentida prece, Espíritos amoráveis que ali se encontravam presentes, intercederam em benefício de Nestore, isolando-o da perseguição que a turba de Espíritos malsãos a ele, sem compaixão, empreendia, proporcionando-lhe momentos de paz que, há tempos, não usufruía.

O Espírito Giancarlo, que a tudo acompanhara, impactado pelas palavras emocionadas que Alessia emitira, momentaneamente, rendera-se à compaixão, demonstrando que a sua consciência, até então adormecida, despertara, reassumindo a posição de comando que, temporariamente, o sentimento de vingança lhe havia usurpado.

Nesse exato instante, Espíritos amorosos o ampararam, conduzindo-o para a devida colônia de refazimento, onde, com o passar do tempo, haveria de recuperar-se, aguardando nova oportunidade para reencarnar.

Quanto a Nestore, tendo Alessia como fiel e dedicada companheira, aos poucos, fora apresentando melhoras no seu processo depressivo, entretanto, tão logo a vida, por qualquer motivo, o viesse contrariá-lo, ocorriam as recaídas, pois se deixava, novamente, envolver mentalmente pela mesma chusma de Espíritos maus e inconsequentes, voltando a sofrer-lhes as danosas perseguições e suas desagradáveis consequências.

*Caro Leitor:*

*A palavra depressão, com o passar do tempo, tornou-se muito comum, bem frequente em muitos lábios, traduzindo a desarmonia mental que acompanha os passos dos seus intranquilos hospedeiros.*

*Essas pessoas, denominadas depressivas, espelham características semelhantes, onde o desalento e a tristeza imperam, cristalizando-se em suas mentes, transformando-se, pouco a pouco, em atroz melancolia que acinzenta os seus dias, nubla os seus amanhãs, incitando-as a percorrerem as perigosas estradas do pessimismo e suas desagradáveis consequências.*

*No transcorrer desse incômodo e progressivo processo, esses seres humanos vão apresentando no convívio familiar, social, profissional e outros tantos, alterações comportamentais dignas de nota, que, naturalmente, passam a impactar, preocupar e, por vezes, molestar as pessoas que fazem parte do seu relacionamento.*

*Utilizando-se de impensadas palavras, inabituais atitudes e inconscienciosas ações, essas criaturas vão expondo o grau de desequilíbrio mental que as está envolvendo, projetando para si mesmas, se não mudarem de comportamento, um futuro complicado, incerto e desanimador.*

*Seus parentes e amigos mais próximos, motivados pelos preocupantes desvios que estes seres apresentam, acabam por convencê-los a consultarem um especialista médico ou psicólogo, na expectativa de que esses profissionais venham a solucionar os embaraços mentais que os assediam.*



*Assim, iniciam seus tratamentos, passando a ingerir medicamentos específicos, que agem, primordialmente, nos seus corpos físicos, cujas vendas são controladas, tal a especificidade e o potencial que os seus princípios ativos encerram.*

*Com o passar do tempo, uma certa acalmia passa a envolver esses irmãos de jornada, delatando uma superficial melhora no seu estado, fazendo com que as esperanças de uma futura cura se façam presentes.*

*Porém, tão logo um pensamento, uma ocorrência desconfortante venham incomodá-los, desiludem-se rápida e facilmente, retornando ao estado anterior, ilustrando os mesmos e desagradáveis sintomas, levando intranquilidade a eles próprios e aos seus queridos.*

*Por consequência, os profissionais que os assistem sentem-se motivados a manter os medicamentos ministrados, por vezes, aumentam-lhes a dosagem ou, então, os substituem por outros, na expectativa de que venham a produzir os efeitos esperados, arrefecendo e espaçando os eventuais surtos depressivos.*

*Tão logo seus pacientes denotem melhoras, os profissionais sentem-se impelidos a diminuir as dosagens medicamentosas, esperançosos de, no futuro, diminuí-las ainda mais ou então substituí-las por outras menos agressivas, mais amenas e, por fim, talvez, suspendê-las de vez.*

*Enquanto isto não ocorre, é compreensível que os chamados depressivos sintam-se fragilizados, preocupados, temerosos quanto às recidivas que possam vir a ocorrer, tornando-se, em muitos casos, dependentes dos especialistas médicos ou psicólogos que os assistem, buscando-os, aflitivamente, tão logo se veem ameaçados pelo agravamento dos mesmos sintomas que, há tempos, não lhes dão tréguas.*

*E, assim, prosseguem desesperançosos em seus intérminos calvários de aflições, desalento e melancolia, sofrendo e fazendo os seus queridos sofrerem também.*

*É evidente que as drogas que lhes são ministradas agem, tão só, nos seus corpos físicos, repondo os elementos faltantes ou complementando-os, providências estas que, obviamente, lhes facultam algum tipo de melhora. No entanto, esses mesmos medicamentos combatem apenas os "efeitos", amainando-os temporariamente, enquanto as verdadeiras "causas" encontram-se latentes no recôndito das suas almas em desalinho.*

*Basta, então, que um pensamento negativo, um impasse, uma contrariedade, uma situação desconfortante, próprias dos dias atuais, surjam em seus caminhos, para que sejam por eles potencializadas, adquirindo proporções irreais, assustadoras.*



*Frágeis, atemorizados, via de regra acompanhados por Espíritos inconsequentes ou, com os quais tenham débitos de encarnações passadas, acabam sofrendo-lhes as investidas e assédios, deixando-se por eles influenciar, passando a demonstrar atitudes desequilibradas, intempestivas.*

*Assim, envolvidos negativamente, deixam-se abater, abrindo as portas para que a depressão recrudesça, acompanhada pelo séquito de seus desagradáveis efeitos.*

*A respeito, permitimo-nos inferir que essas criaturas mentalmente enfermas apresentam uma característica comum a todas elas, qual seja, "a de não aceitarem as imposições da vida e não se esforçarem para compreendê-las", pois, diferentemente do que pensam, se forem bem avaliadas e refletidas, à luz da consciente resignação, não passam de lições importantes que a vida lhes está ministrando, com o único propósito de as fazerem evoluir na escalada espiritual, bastando, para isto, colocarem em prática os sábios e amorosos ensinamentos de Jesus.*

*Assim agindo, conscientizando-se de que tudo passa, não só os maus momentos, como também os bons, esses irmãos de jornada vão apresentando gradativas melhoras, motivando os profissionais que os assistem a sentirem-se inclinados a diminuir-lhes, gradualmente, as dosagens dos medicamentos que estavam ministrando, até o ponto de sentirem-se motivados a suspendê-los, libertando os seus ex-pacientes das amarras pegajosas da depressão, retornando à vida.*

*Por isto tudo, tenhamos sempre em mente que:*

*"Muitas crises de depressão são decorrentes do conflito do mundo íntimo versus o mundo exterior."*

Vivenciando, assim, bons e maus momentos, os D'Angelo foram assistindo os anos passarem e, com eles, a vida, até que Nestore viera a desencarnar, atingido por fulminante ataque cardíaco, carregando para o além, em sua indumentária espiritual, o fardo pesado representado pelos sofrimentos que, impassível, impusera aos seres humanos que, quando encarnados, a ele se encontravam subjugados.

Por consequência, tão logo se libertara do escafandro físico que o abrigava, seu Espírito fora recepcionado não só pela chusma de entidades que já o acompanhavam desde tempos idos, como também pelos Espíritos que, mais recentemente, haviam desencarnado, vitimados pelo seu jugo arbitrário e cruel.

Ininterruptamente perseguido e maltratado por essas entidades em desequilíbrio, o Espírito Nestore, impossibilitado que estava de refugiar-se no corpo físico que lhe dava abrigo e proteção, passara a enfrentar pungentes sofrimentos, pois é da lei que haveremos de colher o que houvermos semeado.



Tempos depois, tendo por companhia impiedosa solidão, Alessia, suavemente empreendera também a grande viagem de retorno à pátria espiritual, sendo, de imediato, acolhida por Espíritos fraternos que a conduziram para uma colônia de refazimento, a fim de que, gradualmente, pudesse recuperar-se dos embates sofridos, bem como preparar-se para, no futuro, reencarnar, dando sequência a sua inexorável evolução espiritual.

# Parte 2

# Capítulo 9

Aos poucos, o sol fora se pondo no horizonte longínquo, incumbindo seus derradeiros raios alaranjados de despedirem-se da capital paulista, convidando a lua para que substituísse o astro-rei, enfeitando aquelas plagas.

Em princípio, timidamente escondida atrás das grandes edificações; aos poucos, majestosa e brilhante, fora delas se desvencilhando, atingindo as alturas, derramando sobre a vibrante metrópole seu doce e apaziguante luar.

Quando os ponteiros dos relógios indicavam a proximidade das 20 horas, as dependências centrais de afamado templo religioso se encontravam tomadas pelos elegantes convidados que, ansiosos, aguardavam a noiva dar entrada pelo exuberante portal da igreja.

O tapete vermelho, caprichosamente estendido ao longo da nave principal do templo e que serviria de passarela para os noivos, pais e padrinhos, os delicados arranjos florais, estratégica e esmeradamente colocados nas laterais, assim como as luzes que incidiam sobre o altar engalanado e a música suave e comovente, que exímio organista executava, presenteavam o ambiente com um ar de magia, de sonhos e de rara beleza.

Próximo ao altar, já há algum tempo, Enzo, o noivo, ansiosamente aguardava que a sua amada surgisse, para, enfim, poder concretizar o sonho de ventura que o seu jovem coração tanto acalentava.

Ao mesmo tempo em que os sinos anunciavam a chegada das 20 horas, o sofisticado portal da igreja começara a abrir-se, anunciando que Giovana, a noiva, acompanhada por Mario, seu pai, estavam prestes a dar entrada ao local.

Desde os primeiros passos, todos os olhares para ela convergiram, extasiados que estavam pela sua angelical beleza, pelo seu sorriso encantador e pela alegria contagiante que o seu semblante irradiava.

Ao vê-la, Enzo não conseguira conter as lágrimas que emergiram da sua alma emocionada e feliz, enlaçado que estava pelos liames perfumados do amor.

Enquanto Giovana percorria a elegante passarela que a conduziria ao altar, presenteando a todos com o seu sorriso encantador, Enzo, como que anestesiado pela música, pela presença carinhosa dos convivas, pelo ambiente delicado e elegante do templo e pela beleza cativante da noiva, não deixara de fitá-la por um só instante, tal a emoção e a felicidade que o visitavam naqueles inolvidáveis momentos.

Instantes após, Enzo recebia Giovana das mãos de seu pai, simbolizando que, a partir daquele momento, dela se tornava responsável, comprometendo-se, perante todos, a fazê-la feliz.

Enfim, a cerimônia seguiria como de praxe, adornada por lágrimas de emoção, sorrisos espontâneos e abraços efusivos, acompanhados de bons augúrios aos recém-casados.

Terminado o ato religioso, os convidados foram recepcionados pelo jovem casal, em elegante salão de festas, dando, assim, continuidade às comemorações.

Horas mais tarde, após todos os convivas terem deixado o referido local, quando Enzo e

Giovana, emocionados e felizes, iniciavam as despedidas dos seus respectivos pais Arnaldo e Wilma e Mario e Cristiane, um inesperado mal-estar viera importunar Giovana, a ponto de quase fazê-la desmaiar, tal a agudeza da dor que sentira na altura do seu delicado ventre.

Impactados pela desagradável e preocupante ocorrência, imediatamente conduziram Giovana ao hospital, para, ali, receber as atenções e os cuidados de que se fazia necessitada.



Em lá chegando, de pronto, fora atendida e medicada. Em seguida, foi submetida a exames mais específicos para que o médico pudesse melhor diagnosticar o mal súbito que a afligia.

Por esta razão, até que o doutor Cássio viesse a detectar o que estava ocorrendo com a jovem, por medida de precaução, optara por mantê-la internada, em observação, reunindo as informações necessárias para bem medicar a sua paciente.

Diante dessa justa ponderação, os recém-casados se viram obrigados a adiar, por ora, a viagem de núpcias que, há tempos, haviam planejado.

Temporariamente medicada, tendo as dores amainadas, Giovana deixara-se envolver por sono profundo e reconfortante, assim passando o resto da noite, tendo por companhia o seu carinhoso e preocupado esposo.

No dia seguinte, tendo em mãos os resultados dos exames laboratoriais complementares, o doutor Cássio dirigira-se ao quarto onde sua paciente e esposo se encontravam, informando-os a respeito, dizendo-lhes:

— Os resultados dos exames realizados nos levam a concluir que está tudo bem com Giovana. Possivelmente, o que ocorrera fora um mal-estar passageiro, motivado pelas fortes emoções por que passara, bem como, acredito, pela alimentação despreocupada, insuficiente, que, nessas ocasiões, costuma acontecer.

Depois das recomendações de praxe dadas pelo médico e de algumas perguntas por ele respondidas, dissera, expressando simpático sorriso:

— Em vista disto, sinto-me propenso a liberar a minha jovem paciente, na esperança de que nada mais aconteça. Todavia, qualquer fato novo que, porventura, venha a ocorrer, é só me telefonar. Eis aqui o meu cartão.

Tranquilizados pelo parecer do doutor, ilustrando os semblantes desanuviados das preocupações que, na noite anterior, os vieram perturbar, Enzo e

Giovana se despediram do profissional, dirigindo-se para o novo lar com que, há tempos, seus respectivos genitores os haviam presenteado e que, com esmero e bom gosto, fora decorado pelo jovem casal.

Na mesma noite, os recém-casados foram visitados pelos seus pais, com eles desfrutando agradáveis e descontraídos momentos, sentindo-se, todos, aliviados das tensões que haviam passado.

Os dias foram passando e, por vezes, o mal-estar retornava, motivando Giovana a recolher-se ao leito, na tentativa de amenizar o teimoso e intermitente incômodo que passara a fazer-lhe companhia.



De um momento para o outro, as dores, como que por encanto, desapareciam, fazendo com que Giovana se sentisse disposta a dedicar-se aos afazeres e às responsabilidades que lhe eram afeitas.

Entretanto, tais ocorrências, a cada dia, se tornavam mais frequentes, preocupando sobremaneira o casal e seus pais. Em vista disto, veramente preocupada, Giovana telefonara ao doutor Cássio, com ele agendando uma nova consulta.

No dia marcado, juntamente com o esposo, Giovana comparecera ao consultório do profissional, expondo-lhe que o seu problema continuava e que estava roubando-lhe a paz.

Depois de detalhadamente examiná-la e, uma vez mais, nada constatar, o médico solicitara à sua paciente uma nova série de exames, na expectativa de que estes viessem a fornecer-lhe os subsídios de que necessitava, para que bem pudesse diagnosticar o que estava ocorrendo com Giovana e medicá-la com a devida precisão, livrando-a das dores que a maltratavam.

Na semana seguinte, conforme havia sido combinado, o casal retornara ao consultório do doutor, mantendo as esperanças de que, de posse dos resultados dos exames realizados, o zeloso profissional haveria de desvendar as causas do mal que perturbava Giovana, eliminando, assim, as preocupações que rondavam o jovem casal e os seus respectivos genitores.

Após os tradicionais cumprimentos, devidamente assentados diante do médico, que mantinha nas mãos os resultados dos exames a que Giovana houvera se submetido, este lhes dissera, pausadamente:

— Giovana, como da vez anterior, os exames laboratoriais nada evidenciaram a respeito dos incômodos que a vêm importunando. Todavia, as radiografias feitas do seu sistema gástrico, onde, conforme suas explicações, as dores parecem concentrar-se, não me pareceram conclusivas, deixando-me algumas dúvidas. Sendo assim, penso que somente uma intervenção cirúrgica ali localizada seria capaz de nos indicar a fonte do seu intermitente e preocupante mal-estar.

Impactados pelo inesperado parecer do médico, Giovana e Enzo entreolharam-se, delatando, através da repentina palidez facial que os viera visitar, as contundentes apreensões que, a partir de então, furtaria-lhes a paz.



Depois de rápidos instantes de absoluto silêncio, Enzo, segurando delicadamente as mãos gélidas da esposa, tomando para si as responsabilidades que o momento exigia, convicto de que Giovana iria concordar com o seu consciencioso parecer, dissera:

— Doutor Cássio, o senhor há de convir que fomos surpreendidos com o seu parecer, não nos sentindo, por agora, em condições de tomar qualquer decisão a respeito. Entretanto, após nos refazermos desta impactante notícia, retornaremos ao seu consultório, já com um parecer definitivo sobre o caso em questão. Enquanto isto, permaneceremos seguindo, à risca, as recomendações que, desde a consulta anterior, o senhor nos houvera dado.

Depois de mais algumas poucas palavras trocadas entre o casal e o médico, as despedidas ocorreram, quando, então, Giovana e Enzo encaminharam-se para casa, trazendo em suas almas as mais aflitivas inquietações.

# Capítulo 10

Mario e Cristiane, pais de Giovana, ele alto funcionário de uma empresa do ramo de medicamentos, ela dedicada administradora do lar, eram católicos, todavia, nutriam certa simpatia pelo espiritismo, pois, todas as vezes que este palpitante assunto vinha à baila, mostravam-se curiosos a respeito. Entretanto, ainda não se sentiam encorajados a procurar conhecer os seus fundamentos.

Giovana, por sua vez, apesar dos inúmeros questionamentos que fazia quanto a alguns dogmas constantes da religião que ela e seus genitores professavam, com o propósito de não desagradá-los, costumeiramente os acompanhava à missa dominical, assim como, às orações que, rotineiramente, faziam no início de cada refeição, sem, contudo, sentir qualquer vibração mais profunda em sua alma, ávida por esclarecimentos a respeito da palpitante espiritualidade.

Por sua vez, Arnaldo e Wilma, pais de Enzo, ele representante comercial de uma importante indústria de calçados, ela gerenciando o lar com esmero e dedicação, há anos, juntamente com o filho, haviam se tornado adeptos da consoladora Doutrina dos Espíritos, exercitando-se, incansavelmente, pelas veredas perfumadas da caridade, tornando-se pessoas queridas por todos que com eles convivessem ou, tão somente, contatassem.



*Caro Leitor:*

*Ao longo do tempo, os militantes do espiritismo vão, gradualmente, vivenciando fases distintas e importantes no tocante a esse nobre ideal a que se propuseram vivenciar.*

*Aos poucos, vão conscientizando-se das reais responsabilidades que vão assumindo perante si mesmos e para com o próximo, delineando as estradas que os conduzirão ao tépido regaço do Mártir da Cruz.*

*A primeira das referidas fases é quando adentram a Doutrina.*

*A segunda fase é quando a Doutrina penetra em suas almas, dulcificando-as.*

*A terceira fase é quando a Doutrina emerge, incontida, dessas mesmas almas, fazendo-as sentirem-se estimuladas a percorrer os diversos caminhos da caridade, empenhando-se para, incondicionalmente, colocar em prática os sublimes ensinamentos do Divino Peregrino do Amor, quando, então, o doce perfume da Sua presença se fará presente, acompanhando-lhes os passos, envolvendo-as na tão sonhada felicidade, pois tenhamos a certeza de que somente possuímos aquilo que de fato ofertamos.*

*A você, irmão querido, que nos presenteia com o privilégio da companhia e da atenção, humildemente, tomamos a liberdade de perguntar-lhe em qual das três fases se encontra?*



*Seja qual delas for, amorosamente, lhe aconselho a empenhar-se, ainda mais, no conhecimento desta Doutrina Consoladora, praticando, sem esmorecer, os seus nobres ensinamentos, pois assim agindo haverá de experimentar a sublime alegria de servir a Jesus e, quando isto ocorrer, nunca mais deixará de fazê-lo.*

Os dias foram transcorrendo na ampulheta do tempo. Giovana, desacorçoada, intercalava momentos de completa harmonia física com outros tantos de incômodas dores que, aos poucos, foram roubando a paz do jovem casal, fazendo com que o pessimismo fosse transfigurando os seus amanhãs.

Intranquila, desanimada com as dores que não se mostravam dispostas a dela se afastar, Giovana, a cada novo dia, sentia-se impelida a aceitar os conselhos do doutor Cassio, submetendo-se ao processo cirúrgico por ele recomendado, como sendo o método mais preciso para detectar a origem do angustiante mal-estar que, teimosamente, a importunava e poder, enfim, eliminá-lo de vez.

Titubeantes quanto à decisão que haveriam de tomar a este respeito, Enzo e Giovana resolveram colocar seus respectivos pais a par do momento aflitivo por que passavam, esperançosos de que pudessem deles receber alguma luz que viesse a iluminar as suas mentes, apoiando a decisão cirúrgica que estavam prestes a tomar ou, quiçá, sugerindo-lhes um caminho alternativo mais ameno, menos invasivo e preocupante.

Movidos por essa ideia, o jovem casal convidara seus respectivos genitores para um jantar, ocasião em que os colocariam a par do impasse em que se encontravam.

Assim sendo, numa calorosa noite de sábado, os anfitriões receberam, efusivamente, os seus queridos, deixando transparecer as alegrias características do reencontro.

Durante todo o jantar, as dores que perseguiam Giovana deram-lhe uma trégua, proporcionando-lhe visível bem-estar, a ponto de, por instantes, fazê-la sentir-se desmotivada a expor aos seus familiares o verdadeiro motivo pelo qual os havia convidado.

Após o descontraído e elogiado repasto, todos se dirigiram para a sala de estar, dando continuidade às conversações.

Súbito, Giovana empalidecera, ilustrando o repentino mal-estar que, há tempos, a assediava, fazendo-se necessitada do apoio do esposo para ajudá-la a acomodar-se em confortável sofá, o que causara muita preocupação a todos que ali se encontravam.



Aos poucos, as dores amainaram, aliviando as tensões, fazendo com que os diálogos, gradualmente, voltassem a imperar.

Em meio à conversação, Enzo, educadamente, chamando para si as atenções, evidenciando em seu semblante a preocupação que o visitava, dissera:

— Meus queridos! Como vocês sabem e puderam, há pouco, constatar, o mal-estar que, desde o dia do nosso casamento, acompanha Giovana, vem roubando-nos a paz. Em vista disto, voltamos a consultar o doutor Cassio, na esperança de que ele pudesse diagnosticar e, obviamente, eliminar o referido incômodo que vem nos atormentando. Depois de submeter Giovana a uma nova e longa série de exames e chapas radiográficas, o doutor, uma vez mais, nada constatou, aconselhando-nos a voltar para casa e colocar em prática algumas outras poucas recomendações, as quais seguimos à risca. Todavia, como as dores permaneciam intermitentes, não nos restou outra alternativa a não ser a de retornarmos ao consultório do referido profissional, informando-o de que Giovana não apresentara qualquer melhora. Após tomar conhecimento do que vinha ocorrendo com a sua paciente, ilustrando no semblante uma certa inquietude, o doutor Cassio procurara, educadamente, convencer-nos de que somente um processo cirúrgico seria capaz de esclarecer e identificar o que, de fato, estava ocorrendo com Giovana. Surpreendidos com o contundente parecer do médico, dissemos-lhe que iríamos refletir sobre ele e, tão logo chegássemos a uma conclusão, voltaríamos ao seu consultório, enquanto isto, continuaríamos a seguir os seus aconselhamentos. Entretanto, minutos atrás, como puderam constatar, as dores, teimosamente, continuam assediando Giovana. Enfim, após tê-los informado acerca do momento aflitivo e conflitante que estamos vivendo, gostaríamos muito que nos ajudassem a decidir qual o caminho a seguir.

Instantes após, tomando a palavra, Mario assim se expressara:

— Sou do parecer que, antes de qualquer providência, seria conveniente consultar outro médico, obtendo, talvez, outro parecer que, acredito, os ajudaria a tomar a referida decisão.

A conscienciosa observação do pai de Giovana recebera, de imediato, a concordância de todos.

Em seguida, trazendo para si as atenções, cuidadosamente escolhendo as palavras que iriam revestir o seu pensamento para não ferir suscetibilidades, confiante e tranquilo, passeando o olhar por Giovana, Mario e Cristiane, Arnaldo assim expusera sua opinião, dizendo:

— Conforme é do conhecimento de todos, já há muitos anos, militamos, ativamente, no campo da Doutrina Espírita que, confesso, aos poucos, foi transformando a minha vida e a dos meus, descortinando o véu que, até então, encobria a nossa visão espiritual, ampliando, assim, os nossos conhecimentos nesta área tão vasta e, para nós, tão gratificante. Ao longo das inúmeras conversações que, juntos, tivemos a oportunidade de desenvolver, notamos existir por parte de vocês três uma espontânea simpatia pelo espiritismo. Por esta razão, sinto-me encorajado a expor-lhes o meu pensamento a respeito de tudo aquilo que o Enzo acabou de nos relatar. O Centro Espírita ao qual estamos filiados desenvolve uma série de trabalhos voltados à caridade de maneira geral, entre eles, um que denominamos de Assistência Espiritual. Sendo assim, enquanto o casal procura outro médico para dele obter um novo diagnóstico, tomo a liberdade de sugerir que Giovana, antes de tomar qualquer decisão, se disponha a visitar a nossa modesta Casa Espírita e participar do que denominamos de Diálogo Fraterno, para, se for o caso, ser encaminhada ao setor de Assistência Espiritual, onde receberá o auxílio espiritual que, porventura, estiver necessitada.

De imediato, com viva satisfação, Giovana assim se manifestara:

— Queridos, conforme já tive o ensejo de, várias vezes, com Enzo comentar, há tempos, venho como que tangenciando o espiritismo, pelo qual nutro sincera simpatia, sem, contudo, sentir-me encorajada a melhor conhecê-lo. Todavia, face ao que comigo vem ocorrendo, sinto-me estimulada a atender à carinhosa sugestão do meu sogro. Portanto, basta que marquemos o dia e a hora da visita ao Centro Espírita que lá estaremos, eu e o Enzo.

Devidamente combinados a respeito, os diálogos fluíram descompromissados, até que as despedidas se fizeram presentes, pois as horas indicavam que já era tarde e todos deveriam recolher-se aos leitos, a fim de usufruírem merecido descanso.

# Capítulo 11

Os dias foram passando e Giovana continuava prisioneira das mesmas dores que, impassíveis, judiavam do seu arcabouço físico, fazendo com que uma nuvem de desalento e pessimismo se fizesse presente em seus pensamentos, embaçando a visão do seu porvir.

Uma semana após o jantar que o jovem casal havia oferecido aos seus pais, conforme havia ficado combinado, Arnaldo telefonara para Giovana, informando-a de que na segunda-feira, por volta das 19 horas, estaria aguardando-a no Centro Espírita "Paz e Amor", onde era assíduo e responsável servidor, ocasião em que seria apresentada ao senhor Jordão, presidente da Casa, para com ele dialogar, expondo-lhe o que com ela estava se passando.

Agradecida ao sogro pela notícia que, ansiosamente, aguardava, ilustrando um leve sorriso nos lábios, transmitira o recado ao esposo, sentindo-se, naqueles momentos, envolvida por um apaziguante bem-estar, trazendo de volta as esperanças de cura que, dela, pareciam ter-se distanciado, desistido.

Na noite aprazada, Enzo e Giovana deram entrada nas modestas dependências da referida instituição, traduzindo em seus semblantes a alegria que, incontida, emergia das suas almas carentes pelo fato de, ali, juntas, estarem presentes.



Instantes após, um simpático senhor, aparentando pouco mais de 60 primaveras, externando através dos lábios um contagiante sorriso, deixando entrever seus dentes alvos que, juntamente com a barba e os cabelos brancos, emolduravam o seu rosto amorenado, presenteando-o com um inexprimível ar de bondade e de paz, viera-lhes ao encontro, saudando-os fraternalmente.

De imediato, Giovana sentira-se por ele cativada, amparada e protegida, predispondo-se, incondicionalmente, a nele confiar, desfrutando, a partir daquele momento uma inexplicável e insólita certeza de que iria obter a cura dos malestares que a vinham incomodando.

Após as descontraídas apresentações, Jordão, educadamente, convidara Giovana e Enzo para acompanhá-lo até uma saleta próxima para, ali, com a devida tranquilidade e reserva, poderem dialogar.

Uma suave luz azulada iluminava o simples e aconchegante local.

Ao lá adentrar, Giovana sentira-se envolvida por peculiar e doce acalmia, traduzida pela inquestionável paz que a viera visitar, fazendo-a sentir-se inspirada a abrir o seu coração e deixar-se conhecer.

Devidamente acomodados em simples cadeiras, Jordão, destinando o olhar paternal para a jovem, calmamente dera início à conversação, assim dizendo:

— Giovana, o nosso irmão Arnaldo, com a devida discrição, dias atrás me colocou a par do que, ultimamente, vem ocorrendo consigo. Sendo assim, modestamente, aqui me encontro para, em primeiro lugar, agradecê-la pela confiança que está depositando em minha despretensiosa pessoa e, em segundo lugar, para dizer-lhe que me empenharei para ajudá-la em tudo aquilo que me for possível e o que o Pai de infinita misericórdia me possibilitar. Fique tranquila e não se preocupe com o tempo, pois, a partir de agora, ele é nosso aliado. Filha, sou todo ouvidos.

A dúlcida entonação de voz que Jordão imprimira em suas palavras fora suficiente para que Giovana se deixasse sensibilizar, não conseguindo impedir que as lágrimas brotassem, indomáveis, dos seus lindos olhos, deslizando, suavemente, pelo seu rosto delicado, delatando as emoções que transitavam, incontidas, pelas veredas da sua alma generosa.

Após, delicadamente, ter enxugado as lágrimas que umedeceram suas faces, apora sua mão sobre a do esposo, como que pedindo-lhe ajuda para que nada viesse a esquecer, durante o relato que estava prestes a iniciar.



Em seguida, com a voz, inicialmente, pouco audível, acompanhada por expressivo e confiante olhar, dera início à exposição de tudo aquilo que, com ela, vinha ocorrendo desde a noite do seu casamento.

Jordão, que desde jovem fora agraciado com a faculdade da vidência, exercendo-a como verdadeiro apostolado, mantinha-se atento, conservando o mais absoluto silêncio, acompanhando a exposição verbal que Giovana desenvolvia.

Durante o transcorrer do minucioso relato, os olhos de Jordão foram, lentamente, se fechando, delatando que estava adentrando o mundo espiritual, para, dele, colher as informações necessárias que lhe possibilitassem colaborar na solução do drama que a jovem e o esposo se encontravam vivenciando.

Assim, naqueles momentos, o experiente médium pudera observar que um Espírito, com o olhar, ao mesmo tempo, assustado e perdido, portando um surrado uniforme militar, apondo sua mão sobre o que considerava ser um ferimento localizado na altura do seu ventre, se encontrava bem ao lado de Giovana, dela tornando-se assíduo acompanhante.

Esse Espírito em desalinho, ignorando que se encontrava no mundo espiritual, guardando na sua intimidade reminiscências sentimentais de quando ainda se encontrava encarnado, sem o saber, não só da jovem se aproximara por afinidade, como também sugava as suas energias vitais, para ela transferindo os seus padecimentos, sentindo-se, por sua vez, aliviado, deixando claro a Jordão ser esta a causa fundamental das dores e das aflições que Giovana vinha enfrentando.

Terminada a exposição da jovem, após alguns poucos instantes de justa expectação, Jordão, suavemente, abrira os olhos, demonstrando ter chegado ao fim o transe mediúnico em que, há pouco, se encontrava.

Experiente, levando em consideração que Giovana pouco conhecia a respeito das incontáveis nuanças do espiritismo, nada comentara sobre a visão esclarecedora que acabara de ter, tomando, assim, toda a precaução para não assustá-la, o que poderia recrudescer os transtornos pelos quais passava.



Em sequência, segurando entre as suas a delicada mão de Giovana, expressando complacente sorriso nos lábios e no olhar, Jordão quebrara o silêncio, dizendo com insofismável e amorosa confiança:

— Irmã querida, nós todos, sem exceção, vivemos mergulhados num mar de pensamentos, emitidos não só pelos seres humanos que conosco militam neste mundo de provas e expiações, como também pelos Espíritos desencarnados que, via de regra, nos acompanham e nos influenciam em nossa própria jornada. Assim sendo, ao adentrarmos uma Casa Espírita, como esta em que nos encontramos, predispomo-nos a nos esclarecer a respeito do Mundo Espiritual que nos cerca e do qual proviemos. Com o tempo, devidamente esclarecidos, haveremos de, pouco a pouco, ir alterando o nosso padrão vibratório, colocando Jesus, definitivamente, bem dentro do nosso coração, perfumando a nossa alma, protegendo-nos do mundo e do assédio mental que, não raro, como qualquer ser humano, poderemos estar sendo vítimas. Filha, se você em nós confiar, permitindo-nos assisti-la espiritualmente, tenho a convicção de que haveremos de, com a sua dedicada e perseverante colaboração, ajudá-la a solucionar o problema que a vem afligindo e também preocupando todos aqueles que lhe querem bem.

Em seguida, gentilmente, convidara o jovem casal para se dirigir ao salão principal da Casa, com o objetivo de assistir a uma palestra a ser proferida por conhecido orador da seara espírita, intitulada "Buril da Alma" que, acreditava, seria de grande valia para Giovana e Enzo, tendo em vista o difícil momento pelo qual estavam passando.

O convite fora, de pronto, aceito pelo casal, que, naturalmente, se deixara acompanhar por Jordão até o referido local.

Ali chegando, logo após a apresentação de praxe, o referido orador passara a abordar o palpitante tema, assim dizendo:

"A vida vai transcorrendo com naturalidade.

Os momentos de alegria e de tristeza mesclam-se, compondo, pacientemente, o livro das nossas existências, deixando sinais que, pouco a pouco, vão emoldurando as nossas almas.

Nós, seres humanos, evidenciando, claramente, as nossas fraquezas para com as nuanças do Espírito, muitas vezes, vemo-nos aceitando, passiva e displicentemente, a interferência envolvente do mundo da matéria em nossas vidas.



Porém, os dias, meses, anos deslizam céleres, anunciando-nos que o tempo se esvai.

Assim sendo, algumas vezes, nos parcos momentos de que dispomos para nós mesmos, para as nossas mais profundas reflexões, damo-nos conta de que estamos vivendo e interagindo robotizados, afinizados com os ditames da matéria que, sutilmente, vão nos transformando em pessoas frígidas, autossuficientes, cúmplices fiéis do egoísmo, erigindo-o como o césar absoluto das nossas atitudes e decisões.

Todavia, esses fugazes momentos, na maioria das vezes, não são suficientes para nos fazer emergir do mar revolto pelos prazeres do mundo e partirmos, confiantes, em busca da luz, pois continuamos como verdadeiros autistas espirituais, vivenciando desacertos como se fossem imaculadas virtudes.

Seduzidos pelo brilho e pelas gloríolas mundanas, deixamo-nos arrastar pelas correntezas das falsas virtudes que, fatalmente, nos conduzirão ao lago sombrio e lamacento das ilusões, onde criaturas viciosas e acomodadas no erro se deleitam, usufruindo os prazeres efêmeros que, jamais, lhes trarão a felicidade que, há longo tempo, buscam encontrar.

Ao pensarmos que estamos a caminho do Éden, dele nos distanciamos, perdidos que estamos, percorrendo, inconsequentes, as estradas perigosas da incompreensão, do orgulho, da vaidade, do egoísmo, do desamor...

Imaginamo-nos luzir, resplandecer perante o mundo que nos aplaude, ignorando que somente a verdadeira luz poderá emergir do âmago das nossas almas, pautadas pelos doces ensinamentos de Jesus, quando, então, irá desbravando a floresta densa e negregosa dos nossos desenganos.

Atribuímo-nos valores que somente os nossos olhos, nublados pela vaidade, podem enxergar e que, de fato, não possuímos, fazendo-nos acreditar naquilo que, na realidade, não somos.

Enquanto isto, a ampulheta do tempo, impassível, continua a sua marcha e, no momento oportuno, o Pai da vida, sábia e amorosamente, permite que a desilusão venha em nosso encalço, estimulando-nos a refletir, buscando encontrar o verdadeiro sentido das nossas vidas.

É por meio da dor, por nós repudiada, que nossas almas vão sendo buriladas, adquirindo, gradualmente, o brilho inexprimível do verdadeiro amor.



Sendo assim, o nosso semblante vai adquirindo novo encanto, nosso olhar, a mansuetude e a compreensão que, há muito, não projetamos em direção daqueles que, conosco, lado a lado caminham pelas estradas do mundo.

Nossas palavras passam a ser envoltas pelo néctar aveludado da gentileza, da compreensão e da caridade.

Nossos ouvidos, outrora impacientes e críticos, passam, compassivamente, a escutar, guardando para si, somente os tesouros e a beleza das palavras emitidas por todos aqueles que nos honram com a companhia e as atenções.

Nosso semblante, muitas vezes, indiferente, agressivo, nosso sorriso de desdém e desconfiança, transformados pelo buril da dor, passam a ilustrar simpatia, brandura e amizade, delatando o bálsamo interior que perfuma a nossa alma.

Nossos braços, antes atrofiados ao longo do corpo, anestesiados pelo desânimo e indiferença, abrem-se, carinhosamente, em forma da cruz redentora do Cristo Jesus, agasalhando todos aqueles que ainda se encontram enregelados pela ausência do amor.

Nossas mãos, indolentes e frígidas, distendem-se, aquecem-se, fortalecem-se, auxiliando, acarinhando os irmãos de jornada, ávidos por compaixão e caridade.

Nossos passos, outrora cambaleantes e indecisos, adquirem novas forças e encontram o caminho definitivo, rumando, decididamente, em direção aos combalidos, amainando suas agruras, levando carinho, otimismo e amor aos seus corações desesperançados e premidos pela solidão.

Nossa mente, antes assediada pelos instintos, envolvida pelo pessimismo e pelo desalento dos que desconhecem a Justiça Divina, por meio da dor, transforma-se em fonte viva a espargir benesses para todos aqueles que cruzarem os nossos caminhos, sedentos que estão de reconhecimento e consideração e ainda tão distantes do Mártir da Cruz.

Equilibrados, mental e emocionalmente, nossos caminhos tornam-se menos ásperos, nossas noites menos escuras, nosso porvir mais esperançoso.

Nossas decisões, pautadas pelo discernimento, bom senso e justiça, exaltam as heranças recebidas, suave e carinhosamente, pela presença do Divino Peregrino do Amor em nossos corações.



A sabedoria docemente se aloja em nossas almas, fazendo com que a pedra bruta que éramos se transforme em cristal translúcido e luminescente a emanar raios coloridos de compaixão e amor em todas as direções, buscando amenizar as dores desta humanidade tão sofrida e, ainda, em grande parte mumificada, enredada pelo egoísmo contumaz.

Enfim, pouco a pouco, vamos adquirindo um brilho interior que passa a iluminar a nossa alma e também a de todos aqueles que conosco caminham pelas mesmas calçadas da vida e, assim, envolvidos no mais puro dos sentimentos, humildemente agradecidos ao Pai de infinita misericórdia, dizemos-Lhe, do imo dos nossos corações: Bendita seja a dor!"

Ao término da eloquente exposição, o palestrante se colocara à disposição da plateia para atender-lhe as perguntas a respeito do palpitante tema que acabara de expor.

Após, detalhada e inspiradamente, responder aos vários questionamentos que lhe foram dirigidos, com um sorriso nos lábios e alegria contagiante no seu olhar, despedira-se, agradecendo a atenção com a qual o brindaram durante todo o transcorrer da sua explanação.

Jordão, que durante todo o tempo se mantivera ao lado do casal, educadamente, dirigira a palavra a Giovana, assim dizendo:

— Filha, tomo a liberdade de perguntar-lhe qual o seu parecer a respeito do tema abordado?

Ainda sob o efeito salutar do conteúdo da palestra, Giovana assim se manifestara:

— Confesso, senhor Jordão, que jamais havia apreciado a dor sob o prisma que o orador a colocou. Entendo agora que a dor, por nós repudiada, é, muitas vezes, fruto dos nossos próprios desequilíbrios e erros, pois ignoramos ser ela o remédio de que necessitamos e que, para nós mesmos, receitamos, visando curar as nossas almas enfermas, contagiadas pelos apelos sutis e enganadores da matéria. Sem dúvida, muito irei refletir a respeito do tema.

Veramente surpreendido com a resposta que Giovana lhe dera, Jordão lhe dissera, com doce entonação na voz:

— Giovana, você com tão poucas, mas precisas palavras, demonstrou-nos ter captado o verdadeiro sentido de tudo aquilo que, minutos atrás, foi aqui explanado, fazendo-me crer que o espiritismo, de agora em diante, naturalmente estará presente na sua vida, auxiliando-a em sua profícua jornada.



Pondo-se em pé, imediatamente acompanhado pelo jovem casal, abraçara afetuosamente Giovana e Enzo, convidando-os para, na semana seguinte, lá estarem, no mesmo dia e horário, quando, então, seria iniciada a assistência espiritual destinada à jovem.

Durante o desenrolar da preleção, equipes espirituais se esmeravam na aplicação de passes aos encarnados e desencarnados ali presentes, visando a assisti-los em suas necessidades, aliviando-lhes a carga deletéria que, porventura, portassem aderida aos seus perispíritos, dificultando-lhes a caminhada.

Aproveitando-se da oportunidade, as referidas entidades socorristas se aproximaram do Espírito que acompanhava Giovana, aplicando-lhe passes calmantes, sedativos, fazendo-o adormecer, levando-o, em seguida, para a enfermaria espiritual situada logo acima das dependências materiais do Centro Espírita "Paz e Amor" para que ali permanecesse, enquanto estudavam a melhor maneira de assisti-lo em suas carências.

Durante esse período, consequentemente, Giovana desfrutaria uma trégua em suas dores e de uma paz que, até então, desconhecia, fazendo-a sentir-se otimista quanto às possibilidades da sua tão esperada cura.

# Capítulo 12

No meio da semana, Mario e Cristiane convidaram o jovem casal e os pais de Enzo, para virem jantar, no domingo, em sua residência, quando, então, usufruiriam da agradável convivência, bem como, dialogariam a respeito dos últimos acontecimentos, dos quais Giovana seria o foco principal.

Na noite marcada, a jovem surpreendera a todos, impactados que foram pela alegria contagiante que enfeitava o seu semblante, traduzindo, assim, o bem-estar que desfrutava e que, tempos atrás, parecia tê-la abandonado.

Durante o transcurso do referido jantar, as conversações fluíram fraternas, adornadas pelo respeito e pelos nobres sentimentos que enlaçavam aquelas almas que, juntas, jornadeavam pelo generoso planeta azul.

Após o agradável e caprichoso repasto, todos se encaminharam para o florido jardim de inverno, a fim de darem continuidade aos diálogos, antes iniciados, entrelaçando, cada vez mais, os seus corações.

Tomando a palavra, Mario, feliz por ver Giovana tão bem disposta, aparentemente livre das dores, lhe perguntara, curioso:

— Filha, fico feliz em vê-la assim, irradiando a alegria que, há tempos, não notava em seu semblante. Conte-nos, em detalhes, como foi sua visita ao Centro Espírita, pois tudo nos faz crer que lhe fizera muito bem.



Com os lábios esboçando leve e simpático sorriso, Giovana passara a expor, com visível entusiasmo e emoção, o que seu coração sentira, desde quando lá estivera.

— Meus queridos, confesso que, há tempos, não sentia tanta alegria. Porém, trata-se de uma alegria indefinível, pulsando na minha alma, como se eu tivesse, enfim, encontrado um sentido maior para a minha vida. Percebo, agora, que Jesus não está presente nos apelos e nas gloríolas transitórias e efêmeras do mundo da matéria, tendo a certeza de que Ele se encontra bem junto de nós, aguardando, tão só, que abramos as portas do nosso coração para nele adentrar, presenteando-nos com a Sua paz e o Seu imenso amor, incentivando-nos a caminhar pelas estradas da caridade.

As palavras que Giovana emitira, ilustradas que foram por incontestável sinceridade, impactaram, sobremaneira, todos os que ali estavam presentes.

Arnaldo, por sua vez, irradiando incontrolável emoção, com os olhos rasos de lágrimas, feliz, assim se expressara:

— Permita-me, Giovana, um modesto, porém, a meu ver, oportuno comentário. Quando nos encontramos no mundo dos Espíritos, preparando-nos para reencarnar, assumimos responsabilidades e compromissos a serem cumpridos durante o nosso estágio neste planeta de provas e expiações, visando à evolução do nosso Espírito pelos caminhos do bem. Porém, aqui chegando, com o passar do tempo, deixamo-nos extasiar pelas luzes, pelos perfumes e pelos chamamentos do mundo, tendemos a nos esquecer de tudo aquilo que, no além, para nós mesmos, havíamos prometido. Todavia, a nossa consciência jamais nos abandona, permanecendo latente no imo da nossa alma carente e relutante. Assim, tão logo surge a oportunidade para que possamos cumprir com o que havíamos prometido, nossa alma passa a desfrutar uma indefinível alegria, fazendo-nos sentir motivados a seguir as estradas que o nosso coração, para nós, está começando a projetar. Giovana, no meu humilde parecer, tudo está indicando ser este o momento que você está vivenciando.

Ato contínuo, Enzo, que se encontrava sentado ao lado da esposa, abraçou-a afetuosamente, presenteando-a com um suave beijo, expressando as doces emoções que também o haviam enlaçado.

As conversações seguiram prazerosas, descompromissadas, porém, quando os ponteiros dos relógios indicaram a chegada das 23 horas, as despedidas ocorreram.

Na noite seguinte, conforme ficara acertado, por volta das 19 horas, Enzo e Giovana deram entrada no Centro Espírita, sendo, gentilmente, recebidos por Jordão, que, ilustrando sua habitual simpatia, já os aguardava.

Após lhes dar as boas-vindas, encaminhara-os ao salão onde experiente e versátil tarefeiro da casa iria fazer a preleção da noite.

Após cumprimentar, com inquestionável satisfação, todos os que ali se encontravam, o orador iniciara sua fala, dizendo:

"No cotidiano das nossas vidas, somos compelidos a vivenciar inumeráveis experiências, quando, então, as nossas mentes e os nossos corações, numa simbiose constante, empenham-se em delinear as estradas que haverão de nos conduzir ao reduto da tal felicidade.

Contudo, distraídos, é comum deixarmo-nos embevecer pelas enganosas facetas coloridas e brilhosas do mundo, vendo-nos, muitas vezes, manuseando os pincéis do egoísmo, da injustiça, do desamor..., transportando para as telas da nossa existência o negror da nossa alma, maculando o quadro belíssimo que a vida, paciente e generosamente, ilustra diante dos nossos olhos, completamente extasiados, ludibriados pelos apelos traiçoeiros da matéria efêmera e astuta.

Fascinados pelo prazer das gloríolas com que o mundo nos oferta, acabamos por nos desviar do verdadeiro sentido das nossas vidas, encaminhando o sublime sentimento do amor para os atalhos nebulosos e escurecidos, distanciando-nos do divino aconchego de Jesus.

Quantas vezes nosso olhar mantivera-se impassível diante das lágrimas que deslizavam pelas faces sofridas e amarguradas dos seres humanos que conosco transitavam pelas mesmas calçadas da vida, à espera da nossa complacência e da nossa compaixão?

Quantas vezes nossos ouvidos permaneceram distraídos, alheios aos gemidos doridos das criaturas deserdadas de felicidade, reféns do desdém e da ingratidão, que aguardavam de nossa parte, tão só, atenção e piedade?

Quantas vezes nossa voz mantivera-se silenciosa, egoisticamente emudecida, diante dos irmãos perdidos e confusos do caminho, à mercê das intempéries da vida, esperando de nossa parte, apenas, uma conscienciosa palavra, um prudente estímulo para sentirem-se motivados a mudarem o rumo dos seus passos, até então, indecisos e titubeantes, e seguirem em frente em busca de dias melhores?

Quantas vezes nossos braços permaneceram inertes, paralisados, diante das criaturas enlaçadas pelo desânimo, pelo pessimismo, quando poderíamos tê-las presenteado com o nosso abraço carinhoso e fraterno, insuflando-lhes a coragem para retornarem aos palcos da vida e construírem um novo porvir?

Quantas vezes nossas mãos distanciaram-se das sendas perfumosas da caridade, indiferentes ao sofrimento e às dores daqueles que conosco percorriam as estradas do mundo, no aguardo, tão só, da nossa ajuda e da nossa comiseração?

Quantas vezes nossas pernas mantiveram-se preguiçosamente inoperantes, paralisadas, perante seres humanos carentes de afeto e de auxílio, a nos implorar, tão só, companhia e atenção?

Quantas vezes nosso coração permanecera enlaçado pelo egoísmo, insensível aos clamores das almas desesperadas que se encontravam ao nosso derredor, esperando, tão somente, receber uma migalha da nossa atenção e do nosso amor?

Queridos confrades. Por isto tudo que acabei de lhes dizer, torna-se necessário e importante que tenhamos a coragem suficiente para, com o cinzel do amor, lapidar a nossa alma, eliminando as arestas do egoísmo que, porventura, ainda tentam permanecer nela enquistadas, impedindo-a de luzir, pois, assim agindo, haveremos de iluminar, não só o nosso próprio caminho, como também o de todos aqueles que seguirem os nossos passos, honrando-nos com a presença e a companhia."

Em seguida, o inspirado expositor passara a desdobrar cada um dos tópicos apresentados, enriquecendo-os com elucidativos exemplos e preciosas considerações, motivando os presentes a refletirem sobre os temas ali abordados.

Durante o desenrolar da feliz exposição, o casal mantivera-se visivelmente compenetrado no seu conteúdo, absorvendo cada palavra, cada frase, como se fossem néctares divinos a balsamizarem as suas almas, sequiosas por conhecimento e espiritualidade.

A partir de então, íntima e silenciosamente, Giovana e Enzo se propuseram a colocar em prática os ensinamentos recebidos, tendo a certeza de que haveriam de dar novos rumos às suas vidas.



Ao mesmo tempo em que a inspirada preleção transcorria, captando a atenção dos presentes, em uma modesta saleta da instituição, desenvolvia-se o trabalho de assistência espiritual em favor de Giovana.

Sob a coordenação de Jordão, um colegiado formado por três experientes médiuns ali se encontrava, com o propósito de tentar manter contato com o Espírito que vinha acompanhando Giovana, molestando-a, dificultando os seus dias.

Logo após fervorosa prece, Jordão dera início aos trabalhos, solicitando aos médiuns a concentração devida para que o objetivo visado fosse plenamente alcançado.

Momentos depois, por meio da vidência, um dos médiuns passara a relatar que o Espírito em questão, amorosamente amparado e conduzido por entidades socorristas, dera entrada no recinto, delatando em sua fisionomia a surpresa e a apreensão que o enlaçavam.

De imediato, por meio da psicofonia, um dos médiuns passara a materializar com as suas palavras o pensamento que o Espírito em desalinho emitia, assim dizendo:

— Onde estou? Quem são vocês? Por que me trouxeram aqui? Saibam que eu sou um oficial do poderoso exército italiano, sob o comando de Mussolini, "Il Duce". Fui ferido em batalha, necessitando de urgente atendimento. Preciso voltar ao campo de luta, pois Hitler conta comigo.

Jordão, que até aquele momento se mantivera em atencioso silêncio, por fim se manifestara, dizendo:

— Irmão, somos amigos e estamos aqui para ajudá-lo a refazer-se.

— Eu não os conheço. Quero ver suas credenciais — dissera o Espírito, pleno de soberbia. Como vão me ajudar a amenizar minhas dores se nada vejo aqui que se pareça a uma enfermaria?

— Tenha paciência, irmão — dissera Jordão, fraternalmente. — Confie em nós. Vamos aliviar as suas dores e curar o seu ferimento. Enquanto isto, fale-nos um pouco de você, da sua família, dos seus sonhos, das suas tristezas, das suas alegrias...

Durante o diálogo que Jordão procurava manter com o Espírito, as referidas entidades socorristas dele se aproximaram, aplicando passes em seu ferimento, amenizando-lhe as agruras.

Sentindo-se aliviado em suas dores, aos poucos, passara a confiar em Jordão e no grupo de médiuns que ali se encontrava.



Asserenado em seus ânimos, passara a narrar, resumidamente, os fatos mais marcantes da sua vida, dizendo:

— Antes de ser convocado para esta Segunda Guerra Mundial, conheci belíssima violinista pela qual me apaixonei perdidamente. Tudo fiz para conquistá-la, mas ela permaneceu fiel ao seu noivo, com o qual, pouco tempo depois, se casou, para minha infelicidade e tristeza. Em seguida, fui convocado para a guerra e, aqui estou, curtindo a saudade, tendo como companhia os combates e, agora, as dores deste ferimento, sentindo-me impossibilitado de continuar servindo minha nação. Tão logo os conflitos terminarem, retornarei para casa e, custe o que custar, tudo farei para conquistá-la em definitivo, pois só ela será capaz de me fazer feliz.

Terminado o conciso relato, Jordão, calma e docemente, lhe dissera:

— Irmão, agora feche os seus olhos e descanse, enquanto tratamos do seu ferimento.

Ao mesmo tempo, as entidades que assistiam o Espírito enfermo passaram a aplicar-lhe passes anestesiantes, reconduzindo-o, em seguida, para a enfermaria espiritual onde, até então, se mantivera, para que ali permanecesse em letargo, até a semana seguinte, quando, então, haveria de ser conduzido ao mesmo local para poder, novamente, manifestar-se, por meio do processo mediúnico da psicofonia.

Em sequência, o outro médium psicofônico passara a transformar em palavras os conselhos que o mentor espiritual daquele trabalho, pelas vias do pensamento, lhe emitia, assim dizendo:

— Trata-se do Espírito de um jovem, desencarnado em combate, no transcorrer da Segunda Guerra Mundial. Distante dos princípios religiosos, deixando-se influenciar e envolver pelos clamores irresponsáveis da juventude, apaixonara-se por uma jovem já compromissada, passando a assediá-la anonimamente, causando-lhe naturais transtornos e preocupações, extensivas, naqueles momentos, ao seu noivo. Obviamente, desconhece o fato de ter desencarnado, crendo ainda estar vivendo a experiência carnal. Não se trata de um Espírito voltado para o mal, mas sim de um Espírito ainda afeito à matéria, irresponsável para com os direitos e sentimentos alheios e de personalidade débil, influenciável, porém soberba. Pacienciosa e gradualmente, deveremos deixá-lo expor o que com ele se passa, tentando fazê-lo discorrer sobre os seus sentimentos, enquanto, de nossa parte, iremos tomando as providências necessárias para, no momento oportuno, esclarecê-lo a respeito da verdade que, até o presente momento, desconhece.

Terminada a orientação dada pelo mentor espiritual, Jordão proferira, como de hábito, comovente oração, colocando um ponto final nos trabalhos.

Por sua vez, Enzo e Giovana, tão logo chegaram ao lar, passaram a dialogar sobre a palestra que, há pouco, haviam presenciado, ressaltando os pontos que mais chamaram suas atenções, enquanto Giovana preparava saboroso e reconfortante chá.

Pouco tempo depois, quando o casal já se encontrava aconchegado ao leito, Giovana, feliz por se sentir, até então, liberta das dores que a assediavam, proferira inspirada prece, assim dizendo:

— Pai de infinita misericórdia! Temos a certeza de que, quanto maiores os nossos esforços para conseguirmos a vitória sobre nós mesmos, mais alegrias haveremos de desfrutar, quando, gradualmente, formos conquistando-a. Não importam os dissabores, as dificuldades, os obstáculos e os desafios que tenhamos de enfrentar, pois, Jesus, amorosamente, estará sempre acompanhando os nossos passos, estimulando-nos a prosseguir em nossa caminhada, não nos deixando esmorecer. Que Ele, o Mártir do Calvário, alumie o nosso hoje, o nosso amanhã e o nosso depois, com as luzes da Sua caridade e do Seu amor.

Finda a oração, Enzo e Giovana ternamente se beijaram, deixando que o sono os viesse abraçar, presenteando-os com o devido refazimento.

# Capítulo 13

Na manhã do dia seguinte, como vinha ocorrendo nos últimos tempos, Giovana despertara bem disposta, sem dores, com energia suficiente para cumprir com as obrigações que o lar demandava.

Enzo, após ter feito o desjejum em companhia da esposa e tê-la, efusivamente, cumprimentado pelo transcurso do seu 22º aniversário, dela se despedira, dirigindo-se para o escritório de advocacia a que se filiara, ampliando, cada vez mais, os seus conhecimentos na área que escolheu como profissão.

No mesmo dia, Giovana telefonara para os seus pais e sogros, convidando-os para virem almoçar em sua residência no próximo sábado, pois, com eles, pretendia celebrar o referido natalício.

Até lá, os dias transcorreram sem nenhuma ocorrência digna de menção.

Finalmente, o sábado chegara ensolarado e, com ele, as alegrias do reencontro.

Mario e Cristiane foram os primeiros a chegar, presenteando a filha com o utensílio doméstico que ela própria lhes havia pedido.

Quinze minutos depois, Arnaldo e Wilma deram entrada na residência do jovem casal, presenteando a sorridente aniversariante com exemplar de elaborada encadernação de *O Livro dos Espíritos*, nele apondo delicada e inspirada dedicatória, na qual ressaltavam a profundidade do seu conteúdo, bem como, sutilmente, estimulavam Giovana a folhear as suas páginas, haurindo os conhecimentos nelas contidos, o que, acreditavam, haveria de brindá-la com uma nova visão do seu hoje, do seu amanhã e do seu depois.

As horas passaram transbordantes de alegrias, entrelaçando, ainda mais, aqueles corações que, sem se darem conta se encontravam reunidos em mais uma jornada encarnatória, com o nobre propósito de darem cumprimento às suas respectivas missões no campo da fraternidade, da caridade e do perdão, fazendo luzir as suas almas.

Quando as badaladas do elegante relógio da sala-de-estar indicaram a chegada das 22 horas, as despedidas se fizeram presentes, acompanhadas pelos bons augúrios endereçados à aniversariante.

Ao deitar-se, acompanhada pelo esposo, Giovana abrira o livro com o qual fora presenteada, folheando-o, descompromissada, propondo-se, intimamente, a iniciar a sua leitura no dia seguinte. Instantes depois, o sono os abraçara, reenergizando-os, preparando-os para vivenciarem uma nova jornada de trabalho.

Na manhã seguinte, enquanto Enzo se dedicava à pintura de um cômodo da casa, Giovana dera início aos afazeres e às responsabilidades que a manutenção do lar exigia, contando com a colaboração de Iracy, sua competente e dedicada serviçal.

Tão logo findara os seus compromissos, Giovana acomodara-se em aconchegante poltrona da sala-de-estar, passando a ler, atenta e calmamente, o referido livro.

As páginas do exemplar iam sendo, por ela, folheadas e lidas com inusitada satisfação e avidez, pois os ensinamentos nelas registrados adentravam naturalmente em sua mente, presenteando-a com as respostas que, até então, procurava.

Enlaçada pela palpitante leitura, não se dera conta de que duas longas horas haviam transcorrido, fazendo-a, não só, sentir-se enriquecida de conscienciosos e, para ela, novos ensinamentos, como também estimulada a aprofundar-se no conhecimento da consoladora Doutrina dos Espíritos, a fim de que melhor pudesse exercitar-se pelas estradas do incondicional amor que Jesus, para todos nós, delineou.

Durante o restante do dia, Giovana experimentara uma indizível alegria, pois sua alma carente enfim havia encontrado o caminho que, há tempos, procurava.

À noite, durante e depois do jantar, Giovana dialogara com Enzo, expondo-lhe, com visível e contagiante entusiasmo, alguns dos pontos que mais chamaram sua atenção durante a leitura a que se dedicara, para agradável surpresa e evidente satisfação do marido.

Por volta das vinte e duas horas, o casal se destinara ao quarto, para, em seguida, aconchegarem-se ao leito, em busca do merecido descanso, repondo, assim, as energias despendidas durante o dia.

Após o beijo de boa noite, visivelmente cansado, Enzo logo adormecera. Giovana, por sua vez, tomara o referido livro nas mãos, passando a percorrer suas linhas, frases, parágrafos com inquestionável prazer e entusiasmo, abeberando-se dos seus ensinamentos.

Já era alta madrugada quando fechara os olhos, deixando-se abraçar por sono reparador, tendo o coração em paz, consciente de que estava iniciando uma nova e gratificante etapa da sua vida.

Tendo a sublime companhia de Jesus, haveria de ter forças suficientes para enfrentar com destemor as experiências que a vida, a ela e a todos nós, destina, ensejando-nos a retirar de cada uma delas as lições de que carecemos, a fim de evoluirmos na seara bendita do amor.

E assim, neste diapasão, mais da metade de *O Livro dos Espíritos* Giovana já havia lido, perfumando com o seu conteúdo a sua alma ávida por conhecimentos.



Para contentamento do jovem casal, a segunda-feira tão aguardada por fim chegara e, com ela, as alegrias do reencontro com as pessoas que na Casa Espírita militavam e pelas quais Giovana e Enzo passaram a nutrir fraternal empatia.

Jordão, tão logo divisara a simpática presença do casal, encaminhara-se em sua direção, cumprimentando-o com a sua tradicional e sincera afabilidade, enlaçando-o com o seu doce carisma.

Em seguida, dirigindo a palavra para a jovem, lhe perguntara, educadamente:

— Filha, como você tem passado?

Com espontâneo sorriso nos lábios e viva expressão no olhar, expondo as alegrias que a sua alma experimentava, lhe respondera, delicada:

— Senhor Jordão, desde o dia em que adentrei esta casa, de paz e amor, as dores que me perseguiam desistiram de me incomodar. Sinto, no íntimo da minha alma, que elas não mais retornarão. Humildemente, com a ajuda espiritual, entendi como se ela, a dor, após ter cumprido com a sua missão de fazer-me aproximar de Jesus, concluísse ser desnecessária a sua presença junto a minha pessoa, partindo, assim, em vitoriosa retirada.



Jordão, surpreendido pelas inesperadas palavras de Giovana, lhe dissera, com visível contentamento:

— Filha, fico feliz com as suas melhoras. Suas palavras espelham os sinceros sentimentos que afloram do seu coração, fazendo-me crer que, gradualmente, você irá aprofundando os seus conhecimentos nesta doutrina consoladora, sentindo-se motivada a integrar-se, aos poucos, a esta modesta Casa de paz e amor e, dela, tornando-se mais uma das suas dedicadas tarefeiras. Todavia, Giovana, é imprescindível que continue esforçando-se para manter os seus pensamentos arejados, voltados para o otimismo e para o bem, ajudando, assim, os Espíritos amigos no trabalho de auxílio que, amorosamente, vêm desenvolvendo em seu favor.

A jovem, veramente impactada com as palavras que Jordão acabara de lhe endereçar, espontaneamente, dele se aproximara, abraçando-o fraternalmente, delatando o respeito, o carinho e a gratidão que sua alma sentia por aquele modesto servidor do Cristo Jesus.

Terminado o prazeroso colóquio, enquanto o jovem casal se encaminhara para o salão a fim de assistir a preleção, Jordão se dirigira para a saleta próxima ao mesmo, onde o colegiado de médiuns o aguardava para, juntos, darem início aos trabalhos de Assistência Espiritual, destinados aos irmãos carentes de auxílio, deste e do outro lado da vida.

Devidamente acomodados, Giovana e Enzo foram, agradavelmente, surpreendidos pelas presenças de Arnaldo e Wilma à frente da reduzida plateia, pois haviam sido incumbidos de fazer uma preleção da noite.

Após os cumprimentos e apresentações de praxe, os palestrantes, intercaladamente, passaram a abordar a temática referente ao Evangelho no Lar.

Durante cerca de 40 minutos, discorreram com desenvoltura sobre o assunto, evidenciando detalhada e didaticamente suas benesses, mantendo os ouvintes atentos aos conscienciosos comentários.

Ao final das suas explanações, todos os que ali se encontravam sentiram-se estimulados a, semanalmente, realizarem o Evangelho em seus lares, desfrutando, assim os seus irrefutáveis benefícios.

Após a eloquente exposição, Arnaldo e Wilma passaram a responder às perguntas que, naturalmente, foram surgindo, ilustrando todo o conhecimento que possuíam a respeito do tema em questão.



Em seguida, Giovana e Enzo deles se aproximaram, elogiando-os pelo desempenho, afirmando sentirem-se impelidos a implantarem o referido culto em seu lar.

Radiante, Arnaldo, dirigindo-se para a nora, assim se expressara:

— Estamos felizes pelo que acabamos de ouvir. Em vista disto, sentimo-nos motivados a convidá-los a participar do citado culto que realizamos todas as terças-feiras em nossa casa, por volta das 20 horas, conforme o Enzo já deve tê-la informado, para assim, quando também vierem a implantá-lo, sentirem-se confiantes em fazê-lo.

De pronto e, ao mesmo tempo, o casal, denotando visível satisfação, aceitara o convite, propondo-se a, na semana seguinte, lá estarem, no dia e hora estipulados.

Instantes depois, as despedidas aconteceram, quando, então, dirigiram-se para suas respectivas moradias, a fim de refazerem-se da intensa e proveitosa jornada.

Enquanto no modesto salão a interessante palestra estava sendo realizada, na saleta ao lado os trabalhos de Assistência Espiritual em prol dos irmãos necessitados, de lá e de cá, se desenvolviam.

O colegiado de tarefeiros ali se encontrava, imbuído das mais nobres intenções, visando, tão só, o auxílio para aqueles irmãos que se encontravam premidos pelas dores de variados matizes, sedentos, muitas vezes sem o saber, de ajuda e comiseração.

Logo após a prece inicial, Jordão, calmamente, solicitara aos médiuns para se concentrarem, colocando seus respectivos campos mediúnicos à disposição dos Espíritos, para que pudessem dar continuidade ao trabalho socorrista a que se propuseram.

Após silenciosos e expectantes momentos, Jordão divisara o Espírito do militar dando entrada ao local, fraternalmente amparado pelas entidades espirituais que o assistiam.

Em rápida sequência, o dedicado médium psicofônico ali presente passara a captar o pensamento do referido Espírito, traduzindo-o, utilizando-se das suas próprias palavras, assim dizendo:

— O que vocês querem de mim? Não percebem que me encontro necessitado de ajuda? Reparem no ferimento que me maltrata, tirando-me a paz, impedindo-me de voltar ao campo de batalha e cumprir com as minhas responsabilidades cívicas!



Jordão, fraternal e calmamente, lhe respondera:

— Irmão, somos companheiros de jornada, empenhados em auxiliá-lo a transpor os momentos difíceis que está passando. Dê-nos a permissão para que possamos ajudá-lo a refazer-se. Nada queremos em troca, pois contentamo-nos, apenas, com a alegria de podermos servir a quem, como você, irmão, se encontra necessitado.

As doces e sinceras palavras por Jordão emitidas acabaram por descristalizar a soberbia com a qual o Espírito enfermo se escudava, envolvendo, amorosamente, o seu coração solitário e saudoso.

Jordão, confiante, prosseguira argumentando:

— Irmão, peço-lhe que olhe, atentamente, para o seu ferimento e observe o que, com ele, ocorrera.

Imediatamente, atendendo ao pedido que lhe fora feito, o Espírito do militar destinara o olhar para o ferimento e apondo, suavemente, sua mão sobre o mesmo, dissera eufórico:

— Parou de sangrar! É por isto que as dores amainaram? Sou muito grato a vocês. O que posso fazer para recompensá-los?

Jordão, mansamente, lhe respondera:

— Irmão. Nada queremos, apenas agradecê-lo por nos ter dado a oportunidade de ajudá-lo, aliviando-lhe as dores e as agruras. Deus jamais nos esquece e está sempre nos acompanhando os passos, permitindo que mãos caridosas, quando necessário, venham em nosso socorro, tornando menos áspero o chão dos nossos caminhos.

O Espírito enfermo, impactado pela sua melhora e pelas amorosas palavras que jamais havia escutado, dissera, comovido:

— Obrigado! Muito obrigado!

Em seguida, as entidades espirituais que o acompanhavam acharam por bem, ternamente, retirá-lo do recinto, encaminhando-o, novamente, para a enfermaria espiritual onde haveria de refazer-se das emoções, que, há pouco, experimentara.

Ao término da caridosa assistência, Jordão encerrara a reunião, fazendo, como sempre, agradecida e comovente prece.

Para Giovana, o restante da semana transcorrera tranquila, sem dores, possibilitando-lhe avançar, consideravelmente, na leitura de *O Livro dos Espíritos*, enriquecendo a sua alma de conhecimentos, preparando-a para, gradualmente, luzir, alumiando o seu próprio caminho e o daqueles que haveriam de vir desfrutar a sua presença e companhia.

# Capítulo 14

A noite de segunda-feira, tão aguardada por Giovana, finalmente chegara, quando, então, acompanhada pelo esposo, se dirigira ao Centro Espírita para ali desfrutar não só de novos conhecimentos, como também da paz que nessas ocasiões a enlaçava.

Desta feita, quem os aguardava à porta de entrada eram seus sogros que, após as costumeiras e carinhosas saudações, acompanharam o casal até o salão, para, juntos, assistirem à palestra que, desta feita, versaria sobre o tema "Fora da caridade não há salvação", a ser desenvolvido por carismático orador.

Após se apresentar, passara a discorrer sobre o assunto em pauta, ilustrando, com evidente confiança e conhecimento, as diversas facetas da caridade, mantendo os ouvintes atentos e, ao mesmo tempo, motivados pelo conteúdo do que lhes estava sendo exposto, dizendo:

"Percorrendo as veredas do mundo, por certo, iremos nos deparar com criaturas dos mais diversos pendores, portando em suas almas a somatória das mais variadas experiências vividas ao longo das suas jornadas encarnatórias, sendo, aos poucos, lapidadas pela própria vida que, com a preciosa colaboração do tempo, um dia, inexoravelmente, as farão brilhar, conquistando, enfim, a própria luz. Ao atentarmos para as misérias do mundo, que, indiferentes, desfilam diante dos nossos olhos, enquanto muitas criaturas, enlaçadas que estão pelo egoísmo pertinaz, continuam transitando pelas estradas da vida, completamente alheias aos sofrimentos dos irmãos do caminho, outras, porém, se deixam abraçar pelo doce sentimento da caridade, soerguendo os irmãos carentes do lamaçal das tristezas e das desilusões em que se encontram, devolvendo-lhes as esperanças no porvir, encorajando-os a prosseguirem em suas romagens.

Assim sendo, essas criaturas mais sensibilizadas com os sofrimentos alheios expressam a caridade, utilizando-se de dúlcidas palavras, amenizando as suas angústias.

Outras, por meio do olhar brando, exteriorizam a compreensão, a complacência, o perdão às almas carentes.

Outras mais, utilizando-se do silêncio paciencioso, tudo escutam, oferecendo seus ouvidos como abrigos, acolhendo as lamúrias e as aflições dos corações em desalinho, incentivando-os, após seus queixumes, a prosseguir em busca de um melhor amanhã.

Outras ainda, por meio dos braços, aconchegam os irmãos sofridos, presenteando-os com o calor humano, a guarida e a coragem de que se encontram necessitados, empenhando-se para devolver-lhes a alegria de viver.



Mais adiante, por meio das mãos, curam feridas, ajudam os caídos a se levantarem, esforçando-se para que essas almas pessimistas, desanimadas, recuperem a confiança em si mesmas, encontrando a paz que, há tempos, lhes abandonara.

Outras as presenteiam, tão só, com a sincera companhia, diluindo a solidão que as amargura, nas águas puras e cristalinas da compaixão.

Outras tantas, pelas vias do pensamento, enviam suas mais sinceras e comoventes vibrações em favor daqueles que se encontram necessitados, com o propósito de lhes devolverem a coragem, o bom ânimo, a saúde, a paciência, a compreensão, a paz de que carecem para que, otimistas, retornem à vida, seguindo suas romagens.

Outras, mais além..."

Enfim, utilizando-se de conscienciosos e oportunos exemplos, o zeloso e capacitado palestrante, durante o transcorrer da sua fala, fora enriquecendo cada um dos tópicos apresentados, encerrando sua exposição com esta joia de incomensurável valor:

"Todo aquele que se dispõe a ajudar o próximo, pelo simples prazer de servir, sem nada esperar em troca, encontrou o caminho para a tão sonhada felicidade".

Após a troca de palavras elogiosas a respeito da palestra que havia acabado de assistir, o casal se despedira de Arnaldo e Wilma, partindo, todos, em direção aos seus lares para, lá, serem acolhidos pelo sono reparador, que os prepararia para enfrentar a jornada do próximo dia.

Na noite seguinte, por volta das 19 horas, o jovem casal, alegremente, dera entrada na residência dos pais de Enzo, pois iriam participar do Evangelho no Lar, para o qual haviam sido convidados.

Ao faltar quinze minutos para o início do culto, a campainha soara, sendo, imediatamente, atendida por Arnaldo.

Aberta a porta, Enzo e Giovana foram agradavelmente surpreendidos pela simpática e carismática presença de Jordão ao local, atendendo ao convite que, na semana anterior, os anfitriões lhe haviam feito.

Os cumprimentos e os abraços efusivos adornaram aqueles momentos que antecediam ao que seria agradável e edificante encontro espiritual.

Minutos depois, Wilma convidara os presentes para encaminharem-se à sala de jantar, pois, ali, seria realizado o tradicional culto semanal.

Após todos estarem assentados ao redor da mesa que havia sido, esmeradamente, preparada para o singelo evento e os ponteiros dos relógios acusassem a chegada das 20 horas, Arnaldo passara a fazer a prece de abertura, dando por iniciada a reunião.

Logo em seguida, a pedido do sogro, Giovana abrira *O Evangelho segundo o Espiritismo*, passando a ler a página que abordava o tema referente ao "Reconciliar-se com os adversários".

Terminada a leitura, cada qual naturalmente externara o seu parecer sobre o texto lido, sendo que Jordão, alicerçado na vivência de muitos anos na seara espiritista, enriquecera sobremaneira o tema em pauta, pois, utilizando-se de conscienciosos e oportunos argumentos, fora, a todos, demonstrando alguns dos incontáveis e enobrecedores ângulos do incondicional perdão.

Ao término da sua feliz elocução, dissera, com delatada afabilidade e convicção, como que colocando um ponto final na gratificante reunião:

— Todos nós, sem exceção, nos encontramos diante de um grande desafio, o de perdoar, indistintamente, todos aqueles que conosco jornadeiam neste planeta azul, seja qual for a proporção dos deslizes que, para conosco, cometeram ou vierem a cometer.



Meditativo silêncio se fizera presente quando, instantes depois, Wilma iniciara as vibrações da noite, culminando a profícua reunião com comovedora prece.

Após terem sorvido a água fluidificada que permanecera, durante todo o tempo, sobre a mesa, contida em delicada jarra, desfrutando, assim, das suas benesses, Arnaldo convidara a todos para se encaminharem à sala-de-estar, a fim de, descontraidamente, dialogarem, enquanto aguardavam a chegada do tradicional cafezinho e dos apetitosos biscoitos que Wilma havia preparado.

Enquanto os saboreavam, Jordão, por meio da clarividência, notara incontáveis luzes de cores cambiantes adornando o ambiente, ao mesmo tempo em que divisara, dando entrada ao local, o Espírito do militar que estava sendo assistido pelo colegiado de médiuns do qual participava, acompanhado por duas entidades que, pelos seus semblantes, naturalmente, deixavam transparecer indizível e acolhedora paz.

Perspicaz, Jordão observara que o Espírito do militar dava sinais de melhoras, pois apresentava o semblante mais asserenado e o olhar denotando ligeira lucidez, fazendo com que deduzisse que, para ali, fora conduzido a fim de receber algum tipo de esclarecimento que viesse, gradualmente, fazê-lo refletir sobre a real situação em que se encontrava.

Arnaldo, inspirado pelo seu mentor espiritual, tomara a palavra, assim se manifestando:

— Giovana, eu soube pelo Enzo que você tem se dedicado com afinco à leitura de *O Livro dos Espíritos*, para a alegria de todos nós, deleitando-se com o seu conteúdo. Temos a certeza de que este tipo de leitura lhe fará muito bem, estimulando-a a refletir, mais profundamente, sobre as diversas nuanças da vida, possibilitando-lhe visualizar novos e alentadores horizontes. Você gostaria de nos dizer algo a esse respeito?

Esboçando tímido sorriso, Giovana lhe respondera, dizendo:

— É verdade. Interessei-me tanto pelo conteúdo do livro que já me encontro em suas últimas páginas. E já que estamos a ele nos reportando, vou me aproveitar da oportunidade para perguntar-lhes sobre um tema em que me vejo necessitada de maiores esclarecimentos. O tema em questão refere-se "Ao retorno da vida corporal à vida espiritual".

No mesmo instante, todos os olhares convergiram para Jordão, dele aguardando, como sempre, seus experientes e preciosos ensinamentos.

Jordão estava ciente de que deveria tomar as precauções necessárias para evitar que, de forma brusca, o Espírito do militar viesse a tomar conhecimento de que não mais pertencia ao mundo dos vivos, pois, se tal ocorresse, haveria de conturbá-lo sobremaneira.

Profundo conhecedor dos incomparáveis e esclarecedores ensinamentos contidos no já citado livro, sem dúvidas, aureolado de luzes e, nele, ancorado, inspirado pelo seu mentor espiritual passara a responder, com sua natural mansuetude, a pergunta que Giovana lhe formulara, esmerando-se para fazer com que o referido Espírito, naquele momento, apresentando uma maior lucidez, viesse, no transcorrer da didática explanação, sentir-se estimulado a refletir sobre a situação em que se encontrava, preparando-o, assim, para, oportunamente, vir a conhecer a insofismável verdade que ainda desconhecia. Assim sendo, dissera:

— Quando desencarnamos, nossa alma retorna ao mundo dos Espíritos do qual proviera, conservando a sua própria individualidade. Ao partir para o além, a alma leva consigo, tão só, as lembranças boas ou más daquilo que realizara quando, ainda, se encontrava encarnada; portanto, somente haverá de levar para o lado de lá o que, de fato, tiver construído dentro de si mesma. No momento da morte, a alma, aos poucos, vai se libertando dos laços que a mantinham cativa do corpo físico. Em síntese, esses laços vão se desatando gradualmente, sendo que, para alguns, o desprendimento é bastante rápido, enquanto que, para outros, que viveram irresponsavelmente os prazeres ilusórios e passageiros do mundo, é mais lento, podendo durar dias, semanas, meses... Portanto, quanto mais o Espírito estiver apegado à matéria, mais tempo irá demorar para dela se separar, sofrendo-lhe as consequências. A alma, ao deixar o corpo, não tem a consciência imediata dessa realidade, passando por um período variável de natural perturbação. O tempo desse atordoamento dependerá da elevação moral que tiver conquistado. Aquele que se desvencilhou dos liames da matéria, rapidamente dela se liberta, enquanto aqueles que, ainda, se encontram neles apegados, a perturbação permanece mais tempo, dificultando-lhe a caminhada pelo mundo dos Espíritos, do qual todos nós pertencemos. No momento da morte, inicialmente, tudo parece estranho, confuso, pois a alma necessita de algum tempo para, realmente, reconhecer-se. Fica aturdida, assemelhando-se a uma pessoa que desperta de um sono profundo e procura situar-se. Sua lucidez e sua memória vão retornando aos poucos, à medida que vai sendo eliminada a influência da matéria à qual se encontrava cativa. Nas mortes violentas, que ocorrem, por exemplo, por suicídio, por acidentes, por ferimentos, nas guerras, o Espírito se surpreende e não acredita estar morto, cristalizando essa ideia equivocada. Vê seu corpo, constata que é seu e não compreende que, dele, esteja separado. Procura aproximar-se das pessoas, as vê, fala com elas, todavia, aturdido, não se dá conta de que não o escutam, não o veem, não percebem sua presença. Impactado pela morte súbita, o Espírito fica como que torporizado pela brusca mudança que nele se operou. Para ele, a morte é sinônimo de destruição, aniquilamento, entretanto, como ainda pensa, vê, escuta, não se considera morto, e o que mais aumenta a sua ilusão é o fato de se ver num corpo semelhante ao seu, cuja natureza etérea ainda não teve o tempo suficiente para estudar e, consequentemente, constatar.

Jordão, propositadamente, fizera ligeira pausa, para que Giovana e o Espírito do militar pudessem absorver os esclarecimentos que acabara de ilustrar, quando, então, prosseguira, dizendo:

— Enfim, não restam dúvidas de que deveremos nos empenhar para mantermos em nossos corações a terna presença de Jesus, estimulando-nos os passos, fazendo com que a caridade seja o farol bendito a iluminar as nossas estradas, preparando-nos, assim, para que, quando chegar a hora de partirmos para o além, estejamos, não só conscientes da recente situação em que nos encontramos, como também, aptos para dar continuidade à vida, desfrutando novas e enriquecedoras experiências.

Durante o desenrolar das esclarecedoras explicações, o Espírito enfermo fora apresentando o semblante surpreso e, ao mesmo tempo, reflexivo, deixando claro a Jordão de que alcançara o objetivo a que se propora, ou seja, o de informar, sem constranger, o Espírito em questão, estimulando-o a refletir sobre o que houvera acabado de expor.



Dando-se por satisfeita em seu questionamento, Giovana, tão logo terminara as preciosas explicações de Jordão, assim se manifestara:

— Senhor Jordão, sua exposição foi clara o suficiente para esclarecer algumas dúvidas que pairavam na minha mente a respeito do momento do desencarne e do consequente retorno ao mundo dos Espíritos. Oxalá estejamos preparados para vivenciá-lo com muita serenidade, tendo a consciência em paz, por bem ter cumprido a missão a qual o Pai misericordioso nos legou.

Jordão, com doçura paternal, lhe dissera:

— Giovana, você não pode imaginar a alegria que sinto, toda vez que alguém manifesta algum interesse por esta doutrina iluminada que, desde muito tempo, mudou o rumo da minha vida. Sempre que solicitam meus modestos esclarecimentos a seu respeito, como, há pouco, você o fez, sinto-me presenteado com a responsabilidade de bem servir a Jesus, agradecendo-O por me conceder, mesmo que por alguns breves instantes, o privilégio de ser mais um dos Seus modestos, fiéis e felizes interlocutores.

Finda a fala de Jordão, as entidades que acompanhavam o Espírito do militar, fraternalmente, o convenceram a deixar o local, reconduzindo-o à enfermaria onde se encontrava sediado e cuidadosamente assistido.

Em sequência, breve conversação preenchera os ares, eivada da mais pura alegria e descontração, próprias das criaturas que comungam os mesmos ideais espiritistas.

Entretanto, os ponteiros do relógio de parede, impassíveis, não paravam de rodopiar e, quando assinalaram a chegada das 23 horas, as despedidas se apresentaram, alertando a todos a respeito das responsabilidades que, inexoravelmente, os aguardavam, no próximo amanhã.

# Capítulo 15

Os dias subsequentes transcorreram sem qualquer ocorrência digna de nota. Quanto a Giovana, terminara de ler *O Livro dos Espíritos*, sentindo-se estimulada a dar continuidade às leituras e, para tanto, iria solicitar ao sogro para lhe dar um roteiro, pois pretendia segui-lo à risca, o que, de fato, ocorrera dias após.

No início da semana seguinte, Enzo, por força das suas responsabilidades profissionais, chegara em casa alguns minutos depois do horário habitual, preocupando a esposa, que, ansiosa, o aguardava para, juntos, dirigirem-se ao Centro Espírita, pois não queria perder a palestra da noite que, costumeiramente, era realizada, impreterivelmente, às segundas-feiras.

Quando deram entrada no salão, o palestrante estava acabando de apresentar-se. Instantes depois, calmamente, dera início à sua fala, dizendo:

"No transcorrer da nossa jornada por este planeta de provas e expiações, por vezes, nos deparamos com seres humanos que apresentam em seus órgãos visuais certa incapacidade para diferenciar ou para perceber certas cores, o que lhes acarreta algumas dificuldades, sejam no campo profissional, social, e que a medicina identifica, denominando-a de Daltonismo.

Muitas dessas criaturas, desconhecendo que são portadoras desse inconveniente, permanecem equivocando-se na avaliação das cores, julgando-se corretas, quando, na verdade, se encontram equivocadas, até que, um dia, alertadas por alguém ou visitando um oftalmologista, acabam tomando conhecimento do problema que, há tempos, as persegue.

A partir de então, conscientizam-se dos inúmeros enganos de avaliação que cometeram no passado e que poderiam ter sido evitados, caso tivessem tido o prévio conhecimento desse incômodo.

Por analogia, tomo a liberdade de dizer que existem, por este mundo afora, inúmeros seres que permitimo-nos denominar de “Daltônicos Espirituais”, que, em realidade, carregam na alma o orgulho frívolo que lhes embaça a visão espiritual, fazendo-os enxergar em si próprios valores que não possuem e que, em vão, procuram ilustrar, mas que os olhos alheios não conseguem, nem mesmo, vislumbrar.

Assim agindo, enganam-se em seus irrefletidos e tendenciosos julgamentos, deixando um rastro de pretensão, inquietação e injustiça por onde transitam.

Equivocados, constantemente se deixam enlaçar pelo orgulho, pela mágoa, pelo ressentimento e pela revolta, até que acabam transformando amizades sinceras, despretensiosas, em malquerenças, retardando o encontro com a doce fraternidade.

Confusos que estão, são capazes de transformar palavras a eles dirigidas, destituídas de qualquer maldade, em dardos afiados a lhes ferirem as entranhas das suas almas orgulhosas, escravas do melindre.

Transfiguram atitudes, gestos, olhares naturais a eles endereçados, em manifestações de desrespeito às suas pessoas, envolvidas que estão pelo orgulho pretensioso e enganador.

Esses seres humanos têm a capacidade de converter boatos, fuxicos, em verdades absolutas, assim como informações irresponsáveis, superficiais, falsas até, em fatos reais, só porque lhes atingiram a intimidade, carregada de melindre.

São capazes de enxergar prepotência e vaidade em pessoas espontâneas, despretensiosas, tão somente porque exteriorizam aptidões, valores ou qualidades que eles não possuem, fazendo-os sentirem-se feridos em seus brios ilusórios, aprisionados que estão pelo orgulho persistente que lhes acompanha os passos.



Desta forma equivocada e soberba, aos poucos, vão se tornando cativos da solidão, antessala da melancolia que, por certo, haverão de vivenciar nos seus amanhãs.

Todavia, se esses irmãos de jornada abrirem as portas de seus corações e convidarem o Divino Peregrino para neles adentrar, haverão de, gradativamente, eliminar o "Daltonismo Espiritual" que, até então, lhes fazia companhia, visualizando a vida por novos e coloridos ângulos, distanciando-se do orgulho pertinaz e impertinente que outrora lhes prejudicava a visão, dificultando-lhes a caminhada, retardando-lhes o sublime encontro com Jesus.

Assim agindo, haverão de desfrutar momentos de inigualáveis alegrias, entrevendo as cores vivas da felicidade que, aos poucos, os seus olhos espirituais passarão a enxergar."

Meia hora mais tarde, após ter respondido às perguntas que lhe foram feitas, enriquecendo ainda mais de conhecimentos os interessados ouvintes, dera por encerrado o agradável e gratificante encontro, despedindo-se, fraternalmente, do grupo.

Em seguida, Enzo e Giovana se destinaram para casa e, após terem lanchado, pois não haviam tido tempo para jantar, passaram a dialogar sobre as ocorrências do dia, até que o sono os viera convidar para o devido descanso, aguardando, assim, a chegada de um novo dia, como sempre, pleno de afazeres e responsabilidades.



Como ocorria há já algum tempo, enquanto a palestra iluminava as mentes da atenta e interessada assistência, o trabalho socorrista, na modesta saleta, tinha sequência, contatando e auxiliando os desencarnados necessitados de orientação e esclarecimentos.

Especificamente naquela morna e agradável noite, ocorrera um fato veramente impactante, emocionando não só os Espíritos ali presentes, como também os encarnados que compunham o responsável e experiente colegiado de médiuns.

Jordão, logo após a tradicional prece inicial, notara o Espírito do militar, como de costume, acompanhado pelas entidades que o vinham assistindo, dando entrada, calmamente, no recinto.

Na oportunidade, o referido Espírito não mais trajava o uniforme que o caracterizava, mas sim, uma túnica alva e confortável que, aliando-se ao seu semblante que denotava certa acalmia, fizeram com que Jordão sentisse na intimidade da sua alma sensível, que o Espírito em questão encontrava-se na iminência de receber as elucidações de que necessitava.



O Evangelho no Lar do qual participara na última semana e o concurso fraterno e esclarecedor das entidades que o assistiam, foram fatores de suma importância na preparação do Espírito, ainda enfermo, para receber a grande revelação que se avizinhava.

Dali a poucos instantes, iria ter o conhecimento de que não mais pertencia ao mundo terreno, mas sim ao dos Espíritos.

Em seguida, Jordão, como sempre, atencioso e calmo, lhe dirigira a palavra, dizendo-lhe:

— Como vai, irmão? Seu semblante e seu olhar me fazem pensar que obteve melhoras. Você gostaria de nos dizer algo a esse respeito?

Por meio da atividade psicofônica de um dos médiuns ali presentes, o Espírito assim se manifestara:

— Realmente me sinto melhor. As dores que sentia pararam de me incomodar, entretanto, tudo me parece tão estranho, indefinido, nebuloso. Estes irmãos que me acompanham, que respeito, por várias vezes tentaram me fazer entender e aceitar a ideia de que apesar de me sentir vivo, já não pertenço mais ao mundo dos vivos. Como pode ser isto, se eu penso, vejo, escuto, falo? É certo que, em várias ocasiões, me aproximei de pessoas, todavia, elas não me escutaram, não me deram atenção e, nem mesmo, notaram a minha presença! Por estas razões, chego a pensar que estes companheiros têm razão e que não mais pertenço ao mundo dos humanos. Será que eu estou enlouquecendo? Será?

Em sequência, Jordão interveio, bondoso, respondendo-lhe:

— Não, irmão, você não enlouqueceu. Está apenas e, aos poucos, deduzindo a verdade que, até agora, não conseguiu compreender e aceitar.

Porém, finalmente, é chegado o grande momento de constatar o que estes amigos espirituais, generosamente, vêm tentando fazê-lo se conscientizar. Para tanto, peço-lhe dar um passo para trás e, assim, poder verificar o que de fato ocorre com você, irmão.

No mesmo instante, atendendo ao pedido que lhe fora feito, o Espírito do militar dera um passo para trás, quando, então, atônito, exclamara:

— O que está acontecendo? Expliquem-me, por favor!

— Tenha calma, irmão, vou explicar-lhe o que está ocorrendo, dissera-lhe Jordão, bondosamente.



— Veja, você está falando por meio de outra pessoa, de um médium que, generosamente, lhe cedera o aparelho fonador, a própria voz, para que você possa se manifestar, transformando em palavras o pensamento que você lhe endereçara.

Ao tomar conhecimento da contundente realidade, o Espírito em questão deixara-se abraçar por choro convulsivo, permitindo aflorar da sua mais profunda intimidade as emoções que o visitavam, dizendo, veramente, sensibilizado:

— Mãezinha, mãezinha! Socorra-me, por favor! Mãezinha, como eu gostaria de poder tocá-la, de poder sentir-me em seus braços, aliviando a minha solidão e as minhas dúvidas. Como eu gostaria, mãezinha querida, como eu gostaria...

Com o rosto entre as mãos trêmulas, vivenciando inenarráveis emoções, escutara uma voz ternurosa, provinda do aparelho fonador de outro médium, que lhe dizia:

— Filho! Filho meu!

Imediatamente desvencilhando o rosto das suas próprias mãos, o Espírito do militar divisara o Espírito da sua mãe, bem à sua frente, para ele sorrindo, ao mesmo tempo em que lhe estendia, ternamente, seus braços, convidando-o para vir ao seu encontro.



Sem conseguir conter as emoções que emergiram indomáveis da sua intimidade, o Espírito do jovem atendera-lhe o convite, dizendo-lhe com expressiva comoção:

— Mãezinha, mãezinha querida! Que saudades! Fique comigo, não me deixe jamais!

Assim, abraçados, acompanhados pelos amigos espirituais, deixaram, calmamente, o local, retornando à colônia espiritual que albergava o Espírito do militar, devidamente conscientizado da sua realidade espiritual.

Enfim, os Espíritos de Alessia e Bruno reencontraram-se no além, onde lá haveriam de permanecer, até o momento em que o Pai de infinita bondade lhes concedesse a bênção de uma nova reencarnação.

*Caro Leitor:*

*Ao visitarmos uma galeria de arte, um antiquário, um museu, logicamente, iremos nos deparar com inúmeras peças que relatam, pelas suas formas, suas cores e pelos elementos que as compõem, suas histórias, delineando as veredas que percorreram ao longo dos anos, décadas, séculos...*



*Sem dúvida, o tempo acabará por alterar-lhes as cores, até mesmo a configuração, fazendo com que, aos poucos, venham a perder suas características, seus encantos, tornando evidente aos olhos do observador atento a necessidade imperiosa de restauração que, por certo, as farão retornar às origens, resgatando-lhes a essência que o tempo se incumbira de transformar.*

*Assim sendo, essas peças, ao serem submetidas a um experiente e consciencioso restaurador, este inicia a sua delicada tarefa, reconstruindo as partes afetadas para, em seguida, pacientemente, remover a tinta que lhe cobria a superfície.*

*Por vezes, ao trabalhar uma ou outra peça, o profissional nota, surpreso, que ao retirar a primeira camada de tinta, a fim de retocá-la, surge-lhe diante dos olhos* uma outra, de cor diferente, denunciando-lhe que o objeto fora adulterado, perdendo a sua primitiva e verdadeira identidade e, por consequência, o seu valor histórico.

Constatado o fato, o exímio profissional, utilizando-se de nova tinta, porém, na cor original da peça, cobre-lhe, novamente, a superfície desgastada, recuperando-lhe a beleza, o passado, restituindo-lhe o devido valor.

Procurando, juntamente com você, irmão, fazer uma analogia com o que fora exposto, se bem refletirmos, haveremos de concluir que os Centros Espíritas, que, incondicionalmente, acolhem incontáveis seres humanos, constituem-se valorosos "Restauradores de Almas", contribuindo para remover, paciente e amorosamente, as tintas grosseiras, sem brilho e sem beleza que, pouco a pouco, o mundo da matéria fora, sutilmente, encobrindo as nossas almas, deslustrando-as, ocultando-lhes a doce essência.

Assim agindo, as Casas Espíritas, verdadeiros educandários do amor, gradualmente, vão recolorindo as nossas almas com as tintas luminescentes da fraternidade, resgatando-lhes a essência que o mundo tentara empanar. Das suas entranhas, então, irá emergir o aroma perfumoso da presença de Jesus, acompanhando-nos a jornada, incentivando-nos a distribuir as pétalas veludosas da caridade, sem distinção, hoje e amanhã, aqui e acolá, para este e aquele irmão, como Ele próprio faria se estivesse em nosso lugar.

# CAPÍTULO 16

Durante a semana, Giovana recebera um telefonema do sogro, convidando o jovem casal para um almoço que iriam realizar em sua residência, no próximo domingo, informando-a de que Jordão também fora convidado, o que se constituiria em ótima oportunidade para trocarem impressões a respeito das incontáveis nuanças do espiritismo, o que, sem dúvida, seria de grande valia para todos.

No dia marcado, durante o agradável repasto que Wilma preparara com todo o esmero, a conversação fluíra descontraída, enfeitada pela alegria própria dos corações irmanados no dúlcido ideal espiritista.

No meio da tarde, quando todos se deliciavam com o chá de cidreira, acompanhado pelos biscoitos amanteigados que a anfitriã comumente preparava, Arnaldo tomara para si a palavra e, dirigindo-se para Jordão, lhe dissera:

— Caro confrade, como sabemos, Giovana, há pouco tempo vivenciara momentos difíceis em sua jornada encarnatória e que, felizmente, foram suplantados por meio do apoio fraterno e eficaz da nossa doutrina consoladora. Em vista disto, acredito que não só Giovana, mas todos nós, gostaríamos de receber seus esclarecimentos a respeito do que com ela ocorrera, logicamente, se o amigo achar conveniente e oportuno.



Jordão, dirigindo o olhar a cada um dos presentes, acompanhado pelo seu contagiante sorriso, estacara, mansamente, seus olhos nos de Giovana, dizendo-lhe com ternura paternal:

— Giovana, os conhecimentos que, até então, adquirira com respeito à doutrina que professamos, frequentando com assiduidade e interesse nossa modesta casa de "Paz e Amor", me fazem crer que esteja relativamente apta para saber o que, consigo, de fato, ocorrera. Conforme consta em *O Livro dos Espíritos*, nós, encarnados, somos influenciados pelos desencarnados, muito mais do que podemos imaginar. Levando-se em conta que vivemos em um mundo de provas e expiações, em que o instinto prepondera, aliando-se ao fato de que a população de Espíritos que perambulam, irresponsavelmente, nas imediações da crosta terrestre é bem maior do que a dos encarnados, concluímos que a afirmação dos Espíritos, contida no referido livro, espelha contundente e insofismável realidade. Em vista disto, é lógico que ao nos deixarmos desarmonizar, mentalmente, rendendo-nos aos doridos impactos da vida, é como se deixássemos abertas as portas da nossa alma, dando livre acesso para que espíritos desocupados, insensíveis, distantes dos ensinamentos de Jesus e conosco afinizados, por elas adentrassem, perturbando a nossa intimidade mental, passando a participar do nosso dia a dia, chegando mesmo a interferir em nossas decisões e, portanto, em nossa própria vida. Como já experienciamos incontáveis encarnações, vivenciando as mais diversas situações, é perfeitamente dedutível que no transcorrer de tantos episódios tenhamos despertado neste ou naquele ser humano que conosco mantinha algum tipo de relacionamento, mágoas, ressentimentos, ódios, amizades, paixões, amores... Espíritos perturbados, ignorando, muitas vezes, o fato de estarem desencarnados, continuam vivenciando as mesmas frustrações, os mesmos infortúnios, os mesmos sofrimentos, as mesmas dores de quando ainda se encontravam encarnados. Sendo assim, devido à nossa invigilância, conosco se afinizam e, sem o saberem, nos transferem suas sensações e mesmo dores, sentindo-se aliviados em suas agruras e, por consequência, não querendo de nós se afastar. Quando tal situação se apresenta, o tratamento espiritual se faz necessário, pois, após terem sido devidamente esclarecidos quanto às realidades do Espírito, tanto o encarnado como o desencarnado se desvencilharão dos laços pegajosos que, até então, os unia, passando ambos, um aqui, o outro acolá, a viverem suas próprias vidas, como, há algum tempo, não ocorria. Como somos senhores do próprio livre-arbítrio, é sumamente importante que nos mantenhamos atentos ao sublime ensinamento de Jesus, o "Orai e Vigiai", para que não voltemos a nos desarmonizar, cometendo os mesmos deslizes, pois a justiça divina nos afirma que haveremos de colher o que semearmos.



Assim, Jordão dera por terminada a explanação, pois entendera ter sido suficiente para ilustrar, com rápidas pinceladas, a tela de acontecimentos que houvera impactado não só Giovana, como também todos os seus queridos.

A jovem senhora, que acompanhara com vivo interesse a elocução de Jordão, tão logo percebera que havia chegado ao seu final, demonstrando no olhar e no tom da voz uma indisfarçável preocupação, perguntara-lhe:

— Senhor Jordão, será que não corro mais risco de voltar a ter os mal-estares que, tempos atrás, me importunaram?

— Giovana — respondera-lhe carinhoso, inspirado pelo seu mentor espiritual —, o bem e o mal que venham a nos visitar dependerão do nosso livre-arbítrio. Se mantivermos nosso campo mental envolvido por nobres pensamentos, estaremos protegidos das intempéries da vida, caso contrário, como tive a oportunidade de abordar, estaremos à mercê da influenciação de Espíritos ociosos, irresponsáveis, distantes da seara do Cristo, que conosco se afinizam, acabando por nos causar perturbações e, por vezes, até dores, como foi o seu caso, dificultando os nossos passos, comprometendo o nosso caminhar. Como vemos, o nosso destino está em nossas próprias mãos. Ao nos mantermos fiéis a Jesus, por Ele seremos acompanhados e envolvidos pela Sua paz e pelo Seu amor. Assim amparados, chegaremos ao final da nossa jornada terrena convictos de termos bem cumprido com a missão que o Pai da vida, amorosamente, nos confiou. Giovana, sinto que o seu coração agora pulsa em outro compasso, feliz por estar, dia após dia, conhecendo as joias contidas no espiritismo e que, acredito, se constituirão no roteiro bendito a nortear-lhe a caminhada rumo ao regaço do Sublime Nazareno. Quanto à sua pergunta, por tudo o que tive o ensejo de dizer, entendo não haver mais razão para preocupações de sua parte, pois o Espírito que a incomodava, ignorando sua condição de desencarnado, tão logo fora esclarecido a este respeito por fraternas entidades espirituais, conscientizara-se da sua realidade, sendo, então, recolhido para uma colônia de refazimento para, lá, receber as orientações de que ainda se encontra necessitado. Quanto a você, Giovana, basta manter-se fiel aos conselhos de Jesus e exercitar-se pelas estradas da caridade, para vir a usufruir as benesses com que a vida lhe presenteará, compreendendo que, tanto os bons como os maus momentos, são lições que nos estarão sendo ministradas para que possamos evoluir como Espíritos imortais que somos.

Em seguida, Wilma, aproveitando-se da ocasião, assim se manifestara:

— No princípio do mês, a nossa modesta casa de Paz e Amor iniciará o curso de Aprendizes do Evangelho o que, me parece, se constituir em uma ótima oportunidade para que você, Giovana, nele se inscreva, dando sequência ao aprendizado que, feliz, vem desfrutando desde o momento em que nela adentrara.

Sem esperar qualquer parecer por parte de Giovana, dirigira carinhoso olhar para o filho, dizendo-lhe, com leve sorriso nos lábios, ilustrando uma mescla sutil de convite e convocação:

— Tenho a certeza de que, se Giovana decidir-se por fazê-lo, você irá acompanhá-la e, juntos, irão desfrutar agradáveis e fraternos momentos de aprendizado.

Na sequência, ao mesmo tempo em que todos os olhares convergiram para Giovana, dela aguardando uma resposta afirmativa ao convite que lhe fora endereçado, esta, dirigindo carinhoso olhar para o esposo, como que pedindo-lhe o aval para o que haveria de dizer, fazendo-se acompanhar por suave sorriso, dissera:

— Meus queridos, eu e o Enzo seremos os primeiros a constar da lista de matriculados no referido curso. Não há dúvidas de que nossas almas estão ávidas por conhecimentos, não só para bem pautarmos nossas palavras, atitudes e ações, como também para bem nos empenharmos, a fim de entender, conscientemente resignados, as lições que a vida, ainda, nos irá propor, com o propósito, acredito, de um dia poder fazer luzir as nossas almas.

Contagiante alegria se apoderara de todos os presentes, pois, a partir daqueles momentos, o

Cristo Jesus haveria de contar em sua doce seara, com mais dois fiéis mensageiros da Sua paz e do Seu incondicional amor.

Quando o relógio da sala-de-estar, por meio das suas irreverentes badaladas, anunciava a chegada das 23 horas, as despedidas aconteceram, levando, cada qual, em seu coração, as alegrias do que fora inesquecível e gratificante reencontro entre almas afins.

No dia seguinte, Giovana telefonara para sua genitora, comentando, superficialmente, o que Jordão, na noite anterior, lhes havia explicado.



Esgotado o assunto que estavam abordando, Giovana sentira-se impelida a convidá-la, bem como a seu pai, para juntos se matricularem no referido curso que, em breve, iria iniciar-se, dado o interesse que ambos vinham demonstrando com respeito ao espiritismo.

Cristiane, de pronto, acolhera a sugestão, propondo-se a conversar com o esposo, a fim de convencê-lo a participar do evento, o que, oportunamente, conseguira.

Sendo assim, no início do mês vindouro, Giovana, Enzo, Cristiane e Mario davam entrada no Centro Espírita, matriculando-se, radiantes, no curso em questão.

Tão logo as aulas tiveram início, Giovana passara a dedicar-se, com assiduidade e prazer, às leituras edificantes, contidas no manancial literário da Doutrina dos Espíritos.

Enzo, incentivado pela esposa, acabara por lhe seguir o exemplo e, assim agindo, ambos passaram a trocar pareceres sobre os temas lidos, ampliando os seus conhecimentos espiritistas, enriquecendo-se, a cada dia, das suas gratificantes benesses.

*Caro Leitor:*



*Ao transitarmos pelas estradas do mundo, vivenciando as mais variadas experiências que, sem tréguas, desfilam diante dos nossos sentidos, eis-nos, de repente, parados, em frente à caprichosa e sugestiva vitrine de uma livraria, impactados que fomos pela capa de determinado livro, cujo título e ilustração nos seduziram, a ponto de sentirmo-nos impelidos a adquirir um exemplar.*

*Devidamente motivados, adentramos o estabelecimento comercial, encaminhando-nos em direção ao livro para, em seguida, tomá-lo em nossas mãos, ávidos por lhe folhear algumas páginas e, assim, mantermos o primeiro e superficial contato com o seu interior, amainando a nossa, momentânea, curiosidade.*

*Tendo o livro em mãos, passamos a manusear-lhe as páginas, quando, então, nos deparamos com o prefácio da obra, cujos dizeres, resumidamente, intentam retratar-lhe o conteúdo, aguçando, ainda mais, o nosso desejo de comprá-lo.*

*Assim estimulados, adquirimos um exemplar, esperançosos de virmos a desfrutar momentos agradáveis em sua companhia, deliciando-nos com a sua leitura.*

*Mais tarde, confortavelmente acomodados, abrimos o livro, quando, então, nossos olhos iniciam prazeroso passeio por sobre suas linhas, parágrafos, capítulos, saboreando o começo do seu enredo, sequiosos por lhe conhecer a essência, imaginando o seu epílogo.*



*Ao chegarmos ao final do livro, haveremos de nos sentir gratificados pelo seu enredo, sua história, suas riquezas, ou, então, decepcionados com o seu conteúdo, iludidos que fomos pelos supérfluos apelos da sua capa, do seu título, da sua ilustração, do seu prefácio, das suas promessas.*

*Por analogia, jamais nos deixemos seduzir pelos superficiais, sutis e fugazes apelos do mundo, sem antes avaliá-los à luz dos ensinamentos de Jesus, em lugar dos tesouros imperecíveis do Espírito, pois tais apelos encontram-se, principalmente, presentes na superficialidade das palavras, atitudes, ações e promessas de incontáveis seres humanos que, desconhecendo os reais valores da fraternal consciência, ainda perambulam pelas veredas da vida, prejudicando, ardilosamente, em benefício próprio, tantos quantos, distraidamente, cruzam ou vierem a cruzar os seus caminhos, chegando, mesmo, a comprometer-lhes o hoje, e, talvez, o amanhã das suas vidas.*

*A matéria, teimosamente, continuará tentando nos fascinar e, apesar de estarmos, de certa forma, prevenidos contra as suas artimanhas, em alguns momentos, a dúvida poderá vir em nosso encalço, dificultando-nos a decisão. Se assim for, busquemos inspiração em Jesus e, Ele, ternamente, pelas vias do pensamento e do coração, nos dará forças e o devido discernimento para que bem possamos avaliar e decidir quanto às estradas que os nossos pés ainda haverão de trilhar.*

# Capítulo 17

Com o passar do tempo, Giovana e Enzo concluíram, com méritos, os cursos básicos da Doutrina dos Espíritos a que se haviam proposto.

Vivamente interessados em ampliar os seus conhecimentos no fértil campo da espiritualidade, acabaram por se inscrever no palpitante Curso de Médiuns, coordenado por Jordão, convictos de que, assim agindo, haveriam de enriquecer os seus acervos culturais e espiritistas.

Giovana, aos poucos, fora ilustrando inequívoco pendor para a mediunidade. Sendo assim, com o transcorrer das aulas, nela fora despontando sinais evidentes da mediunidade psicográfica, o que a deixara radiante, pois começara a projetar em sua mente as nobres responsabilidades que, amorosamente, haveria de assumir neste campo, exercitando-se, definitivamente, pelos caminhos floridos da caridade.

Após os primeiros ensaios na cativante seara da psicografia, Giovana passara a vislumbrar esporádicos flashes visuais, tudo fazendo crer que a mediunidade clarividente estava dando os seus primeiros sinais e que, com o correr do tempo, haveria de aflorar, merecendo, por isso, todo o experiente acompanhamento por parte de Jordão, para que, gradualmente, essa faceta da mediunidade viesse a fortalecer-se, alicerçando-se no terreno do bem e do amor ao próximo.



Enzo, entretanto, durante todo o transcorrer do curso, apesar de ter demonstrado ser aplicado aluno, não ilustrava qualquer sensibilidade mediúnica ostensiva digna de nota, convencendo-se de que, por ora, não reunia as características específicas para tal, conscientizando-se de que tal fato não significava que, no futuro, não pudesse vir a desfrutá-la. Todavia, demonstrara sentir as inspirações provindas do guia espiritual que o assistia nesta jornada encarnatória, fazendo com que o seu tutelado, a cada dia, aprimorasse a sua conduta fraterna, junto a todos aqueles que cruzassem o seu caminho.

Enfim, Giovana e Enzo, verdadeiramente conscientes das responsabilidades que haveriam de assumir na seara espírita, tornaram-se tarefeiros do Paz e Amor, militando, felizes, em suas fileiras, exercitando e aprimorando os seus pendores, no sentido de minorar o sofrimento alheio, fazendo, aos poucos, os seus corações luzirem, alumiando as vastas e gratificantes veredas do amor incondicional.

Cerca de quatro anos haviam se passado desde que o jovem casal unira-se pelos laços do matrimônio e, aproximadamente, há um ano, mútua e conscientemente, ansiavam por se tornarem pais.

Mesmo estando fisicamente saudáveis e, em princípio, aptos para tal tentame, como também clinicamente assistidos pela competente doutora Clara, até então, não haviam conseguido tornar realidade o sonho que acalentavam.

Sendo assim, o casal sentira-se impelido a procurar Jordão, colocando-o a par do que vinha ocorrendo, na expectativa de que viesse a receber do experiente e bondoso confrade seus sábios aconselhamentos, amainando a ansiedade que havia se apossado das suas almas.

Assim determinados, Giovana e Enzo, numa calorosa noite de segunda-feira, logo após terem findado as suas atividades na Casa, dirigiram-se para a secretaria, pois, rotineiramente, ao final dos trabalhos, Jordão para lá se destinava, com o propósito de atender a todos aqueles que o viessem procurar.

Logo que os vira, o humilde servidor do Cristo os presenteara com o seu amistoso sorriso, ao mesmo tempo que lhes estendera os braços, acolhendo-os junto a si, com carinhosa espontaneidade.

Em seguida os convidara para assentar-se, colocando-se à disposição do jovem casal, predispondo-se, educada e atentamente, a ouvi-los.

Enzo, encorajado pelo olhar carinhoso e determinado da esposa, iniciara o diálogo, procurando colocar Jordão a par da situação que os vinha afligindo.



Vez ou outra, Giovana, delicadamente, aparteava, enriquecendo a explanação do esposo, para que o atencioso ouvinte se munisse de todas as informações possíveis para que bem pudesse opinar sobre o tema que estava em questão.

Findas as explicações, Jordão se mantivera em silêncio por alguns instantes, como se estivesse em colóquio íntimo, procurando coordenar os pensamentos para bem esclarecer e orientar o casal.

Momentos depois, devidamente envolvido e inspirado pelo seu protetor espiritual, confiante e calmamente, dissera:

— Meus queridos, os casais que se propõem a gerar uma criança, observando os nobres princípios da consciente responsabilidade e do incondicional amor, o que, nos dias de hoje, não nos parece constituir-se em regra geral, possibilitam a Espíritos experientes no cortejo redentor das encarnações virem a planejar o processo de renascimento, observando todos os pontos importantes para o sucesso do empreendimento, objetivando que pais e filhos venham a desfrutar profícuo e redentor convívio, e, assim, poderem vir a resgatar suas mútuas dívidas do passado. Desta forma, ao exercitarem-se pelas estradas da renúncia, da paciência, do respeito, do perdão, do amor, acabarão por enriquecer suas almas, projetando para si e para aqueles que lhes comungam a companhia, um novo e gratificante porvir. Todavia, é preciso ressaltar que, nem sempre, a programação das encarnações obedece ao desejo dos futuros pais, pois, fatores decisivos interagem neste contexto, influenciando, sobremaneira, não só a época, como também o momento mais propício em que ocorrerá o importante episódio. Será, por exemplo, que o Espírito reencarnante já se encontra preparado para este evento de tamanha envergadura? Será que os futuros pais estão física, mental e psicologicamente bem equilibrados para cometimento de tal relevância? Como veem, meus queridos, eu poderia me estender nessas apreciações, citando-lhes inúmeros outros exemplos, entretanto, modestamente, acredito que as ponderações que acabei de lhes expor sejam suficientes para fazê-los refletir, mais profundamente, a respeito do momento que estão vivenciando. Humildemente, se me permitem, eu os aconselho a continuar empenhados no digno propósito de virem a tornar-se pais, confiantes de que Deus, na Sua infinita bondade, sempre intercede em nosso favor, presenteando-nos com o que for melhor, para que as nossas almas venham a evoluir.

Tendo em vista o bom senso com o qual Jordão revestira as suas elucidações, Giovana e Enzo renderam-se ao seu amoroso conselho, arrefecendo a ansiedade que, até então, lhes fazia incômoda e desgastante companhia.

Por meio da demonstração facial e dos sorrisos que passaram a adornar os semblantes dos jovens, Jordão tivera a certeza de que conseguira aliviar as preocupações que os vinham importunando e, dando continuidade à conversação, dissera, bondoso e ainda inspirado pelo alto:

— Confrades queridos, aproveitemos as horas para amealhar os tesouros da paciência, face aos inumeráveis ditames da vida, deles retirando oportunas e elucidativas lições, aguardando e preparando-nos, pleno de esperanças, para receber as benesses que os Céus sempre nos reservam.

Após breve e significativo silêncio, aguardando que o casal absorvesse pelas vias da razão e do coração o que havia acabado de dizer, Jordão dera continuidade ao diálogo, a partir de então, ameno e descontraído.

Quinze minutos depois, o casal dele se despedira, agradecido pelos conscienciosos aconselhamentos recebidos, rumando de retorno ao lar com os corações apaziguados e esperançosos.

Cerca de seis meses haviam se passado desde aquele edificante encontro com Jordão, quando, por volta das quatro horas de uma madrugada de domingo, Giovana despertara, passando, quase que no mesmo instante, a vislumbrar suaves luzes cambiantes e coloridas, predominantemente rosa-azuladas, em torno do seu ventre, proporcionando-lhe, não só inenarrável alegria e bem-estar como, também, induzindo-a a conjecturar que, naquela memorável noite, tornara-se mãe, concretizando, assim, o sonho que, há tempos ela e o esposo, acalentavam.

Enlaçada por inusitada e justa euforia, carinhosamente, apressara-se em despertar o companheiro que dormia a sono solto, narrando-lhe, ansiosa, o que com ela havia ocorrido, poucos momentos atrás.

Enzo, sonolento, em princípio, não entendera o que a esposa estava lhe dizendo, mesmo porque, Giovana não conseguia bem concatenar as palavras, tal o êxtase que transitava pela intimidade da sua alma.



Instantes depois, já desperto, o esposo, finalmente, conseguira decifrar o que a esposa, com inquestionável sofreguidão e repetidas vezes, estava lhe dizendo e, deixando-se contagiar pela insólita e alvissareira narrativa, amorosamente, abraçara Giovana, a fim de acalmá-la e, com ela, desfrutar aqueles momentos da mais genuína felicidade.

Veramente emocionados, somente conseguiram render-se ao sono, quando os primeiros raios solares iniciavam seu tradicional passeio por sobre a pujante capital paulista, como que convidando os seus moradores para darem início às responsabilidades que já os aguardavam.

Quando acordaram, por volta das 10 horas da manhã, apressaram-se em telefonar para os seus respectivos pais, narrando-lhes o ocorrido, com eles comungando o que acreditavam ser um venturoso presságio com o qual Espíritos amigos os haviam presenteado.

Arnaldo, ao tomar conhecimento da feliz ocorrência vivenciada pela nora, como sempre, procurara, habilmente, amainar o entusiasmo que o filho evidenciava a respeito do fato, tomando, porém, toda a cautela para não macular o encantamento que o casal desfrutava naqueles inolvidáveis momentos.

Enzo, compreendera, perfeitamente, a fraternal intenção do pai e, posteriormente, ao dialogar com a esposa, agira da mesma forma, conseguindo, assim, alcançar o seu intento.

# Capítulo 18

Aproximadamente um mês depois, ansiosos e, ao mesmo tempo, confiantes, Giovana e Enzo deram entrada no consultório da doutora Clara, que já os aguardava.

Após os tradicionais cumprimentos e devidamente acomodados, a médica passara a avaliar os exames que havia solicitado ao casal, informando que os resultados se mostravam satisfatórios, perfeitamente dentro dos padrões normais.

Em seguida, dirigindo-se para Giovana, passara a endereçar-lhe algumas perguntas, visando, com isto, inteirar-se a respeito das últimas ocorrências.

Satisfeita com as respostas recebidas, a doutora convidara Giovana para acompanhá-la à sala anexa para, assim, realizar, minuciosamente, os exames corporais de praxe.

Após sua paciente estar devidamente posicionada na mesa ginecológica, dera início às suas observações.

Ao auscultar, atenta e demoradamente, o ventre de Giovana, o semblante da médica permanecera impassível, nada delatando a respeito do que estava constatando, enquanto que sua paciente denotava, pelo olhar e expressão facial, a ansiedade que a fustigava, ávida por conhecer o experiente parecer da profissional.

Terminadas as apreciações e após compor-se, Giovana e a doutora retornaram à sala de consultas onde Enzo, apreensivo, as aguardava.



Após todos estarem confortavelmente assentados, ilustrando um sorriso simpático e confiante, acompanhado pelo olhar vitorioso, a doutora Clara, assim se expressara:

— Giovana e Enzo, é com muita alegria que lhes comunico que a nossa jovem senhora está definitivamente grávida!

Em sequência os abraços e os beijos se transformaram na tônica daquele inolvidável momento, ilustrando a felicidade que a todos enlaçara.

Arrefecidos os ânimos, a médica dera continuidade à sua fala, dizendo-lhes com inquestionável satisfação e confiança:

— Quero também informar ao jovem casal que as boas novas não ficam por aí, pois, o ventre de Giovana acolhe não apenas um, mas, três serezinhos que vieram adornar suas vidas.

Uma mescla indizível de surpresa e contentamento invadiu os corações dos jovens pais, fazendo com que lágrimas de abundante euforia inundassem os seus olhos, deslizando, indomáveis, pelas suas faces viçosas, expondo os nobres sentimentos que emergiam, destemidos, da intimidade das suas almas, naqueles momentos, repletos da mais pura felicidade.



Minutos após os efusivos cumprimentos e os augúrios por parte da doutora, Giovana e Enzo deixaram o consultório, destinando-se, apressadamente, para casa, ansiosos para comunicarem a auspiciosa notícia aos seus queridos familiares, o que fizeram, tão logo adentraram o lar.

Na mesma noite, em gratidão ao confrade Jordão pelas palavras de esperança com que lhes houvera presenteado, incentivando-os a permanecer entrelaçados no sublime propósito de virem a se tornar pais, os jovens, logo após o término das suas responsabilidades no Centro Espírita, dirigiram-se à secretaria, convictos de que, como de hábito, ali iriam encontrá-lo.

Como sempre, Jordão os recebera com a gentileza e a alegria que lhe eram próprias, características estas, presentes na vida de todos os espíritas que se acham enlaçados pelos liames perfumados da fraternidade, veramente empenhados no exercício incondicional da caridade e do amor ao próximo.

Após as costumeiras saudações, Jordão os convidara a sentar-se, dizendo-lhes, inspirado pelo seu protetor espiritual, com espontânea simplicidade:

— Meus queridos, pelos sorrisos que enfeitam os seus semblantes, acredito terem algo muito importante a dizer. Será que estou correto nesta minha modesta avaliação?



Giovana, segurando entre as suas, as mãos do esposo, exprimindo por meio dos olhos umedecidos pelas lágrimas e da voz embargada, as emoções contagiantes que envolviam-na, respondera-lhe, sorrindo:

— Senhor Jordão, estou grávida! Não só de uma, mas de três criaturinhas que nos presentearam com o privilégio de nos tornarmos pais, possibilitando-nos desfrutar de tal felicidade que, jamais, havíamos experimentado.

De pronto, Jordão se pusera de pé e, direcionando-se para o casal, os abraçara calorosamente, denunciando toda a alegria que, naqueles momentos, o viera visitar.

Logo em seguida, assentando-se diante do eufórico casal, dissera:

— Giovana e Enzo, quando o Pai da vida lhes concedeu a bênção de tornarem-se pais, Ele, amorosamente, espera que vocês tudo façam para bem recepcionar os Espíritos reencarnantes que os honram com a confiança do legado que lhes irão deixar no transcorrer das suas vidas, legado este, que deverá ser alicerçado nos sábios ensinamentos do Cristo Jesus. Com eles, mental e amorosamente dialogando, haverão de sentir-se bem-vindos e, desde logo, não só queridos, mas também agradecidos pelo doce acolhimento que tiverem, o que facilitará, em muito, as experiências enriquecedoras que, com o passar do tempo, juntos, haverão de vivenciar. Os Espíritos reencarnantes, por certo, acabarão por participar das experiências que vocês, pais, comungarão ao longo do período de gravidez, quando, então, eles haverão de sentir suas alegrias, suas tristezas, suas emoções, suas tensões..., que, sem dúvidas, repercutirão em suas intimidades em forma de harmonia e de paz ou, então, de desarmonia e intranquilidade. Como veem, a importância dos pais na formação do caráter dos filhos começa bem antes do nascimento, propriamente dito, ou seja, quando ainda se encontram sitiados no doce e aconchegante claustro materno. Queridos, como sabem, a Doutrina dos Espíritos nos presenteia com conhecimentos de imensurável valor e, neles ancorados, tenho a convicção de que vocês haverão de contar com importantes subsídios para bem desempenharem a gratificante missão de pais, que acabam de assumir.



Em seguida, Giovana, ansiosamente curiosa, lhe perguntara:

— Senhor Jordão, pouco tempo atrás, em uma inesquecível madrugada, despertei e, de imediato, vislumbrei luzes de cores diversas, com o predomínio do azul e do rosa, envolvendo o meu ventre. Será que os Espíritos estão, sutilmente, me dizendo que os gêmeos são do sexo masculino e feminino?

Jordão, escolhendo as palavras, assim se manifestara:

— Filhos, o momento de rara felicidade que ora estão vivendo é o que verdadeiramente importa. Os Espíritos que passaram a adornar as suas vidas trazem em suas vestimentas carnais os caracteres necessários para que possam bem vivenciar as experiências que a vida, por certo, lhes endereçará. Portanto, aguardemos, tranquilos e confiantes, o dia em que iremos conhecer-lhes a indumentária física, tendo a certeza de que a mesma corresponderá às mais íntimas necessidades dos Espíritos reencarnantes, desde cedo, empenhados em evoluir nas sendas do amor.

Os minutos seguintes foram vivenciados com prazerosa conversação e somente quando os relógios anunciaram a aproximação das 23 horas, as efusivas despedidas ocorreram, quando, então, cada qual retornara ao lar para, lá, desfrutarem o salutar e merecido repouso, repondo as energias despendidas durante o dia, preparando-se, assim, para enfrentarem a nova jornada que se avizinhava.

Radiante, o jovem casal adentrara a residência, usufruindo, ainda, as perfumadas lembranças deixadas pela auspiciosa notícia que, há tempos, aguardavam.

Antes de encaminharem-se para o quarto, Giovana convidara Enzo para acompanhá-la na oração que iria dirigir ao Pai da vida, agradecendo-O pela bênção da maternidade.

Devidamente acomodados no aconchegante jardim de inverno, onde, habitualmente, realizavam o culto do evangelho, Giovana, carinhosamente apondo sua mão delicada sobre a do esposo, dera início à prece, assim dizendo:

— Pai amado, como expressar por meio de palavras, a felicidade que acarinha a minha alma, desde o bendito instante em que eu soube que me tornara mãe? Sinto na intimidade do meu ser um desejo, quase incontido, de anunciar em altos brados, ao mundo inteiro, a ventura indizível que Vós me concedestes ao me presentear com a honra de poder sentir o doce perfume da maternidade. As lágrimas silenciosas e emocionadas que, suavemente, deslizam pelas minhas faces, tentam, humildemente, traduzir a única forma que encontrei para expressar-Lhe a minha mais profunda gratidão pela confiança que, em nós, Pai de infinito amor, depositastes. No transcorrer das jornadas encarnatórias que estes Espíritos irão empreender sob a nossa tutela, prometemos-Lhe que os nossos olhos, nossos ouvidos, nossas palavras, nossos braços, nossas mãos, nosso coração, serão a extensão dos Seus, amparando, consolando, compreendendo, perdoando, orientando, amando estas joias com as quais nos presenteastes. Pai querido, que a paz do Seu amorável filho,

Jesus, esteja sempre acompanhando os nossos passos, iluminando as estradas que juntos haveremos de percorrer, incentivando-nos para não virmos a esmorecer diante dos impactos que, por certo, a vida nos reserva, entendendo-os como lições a serem por nós aprendidas, para assim, gradualmente, irmos burilando nossas almas, a fim de um dia poderem luzir, clareando os caminhos de todos aqueles que nos derem o privilégio da companhia, da amizade e do convívio.

Terminada a prece, os futuros pais, carinhosamente, se beijaram, dando por encerrado aquele que fora um dos dias mais felizes das suas vidas.

Em seguida, encaminharam-se para o quarto, esperando que o sono os viesse enlaçar, amainando, assim, as emoções que, teimosamente, permaneciam, vigorosas em suas almas.

# Capítulo 19

A gestação de Giovana transcorrera dentro dos moldes esperados, sem qualquer ocorrência que merecesse alguma menção. Quando esse venturoso período se encaminhava para o seu final, a médica e sua paciente, de comum acordo, marcaram a data em que o parto iria ser realizado, quando, então, a doutora Clara dera a Giovana os seus derradeiros aconselhamentos, bem preparando-a para o sublime momento.

Poucos dias antes da data prevista, o jovem casal convidara seus pais, bem como Jordão, para virem à sua residência, com o propósito de, juntos, participarem do Evangelho no Lar, que se tornara agradável e enriquecedor evento em suas vidas.

Fora Giovana quem tivera a ideia, pois pretendia com eles compartilhar os momentos finais da sua gestação e, deles, receber os eflúvios em forma de confiança e coragem para vivenciar com bravura o bendito episódio da maternidade.

Além disso, o casal guardava no íntimo das suas almas a expectativa de vir a receber, por meio da mediunidade de Jordão, alguma orientação provinda do Espírito que assessorava o médium e que, por certo, haveria de arrefecer as naturais apreensões que, nesses momentos, rodeavam os futuros genitores e avós.



Assim, na noite marcada, os convidados se fizeram presentes. Logo após as efusivas saudações e das boas-vindas, Enzo, gentilmente, os fora convidando para acompanhá-lo até o jardim de inverno da casa, para, ali, minutos depois, darem início à reunião.

Após a prece inicial, proferida pelo jovem anfitrião, Giovana passara à leitura do tema, "Os laços de família..." contido em *O Evangelho segundo o Espiritismo* e, por ela, anteriormente escolhido, esperançosa de que Jordão iria brindar o grupo com as suas, como sempre, oportunas e esclarecedoras apreciações a respeito.

Logo após o término da leitura, Arnaldo dera início aos comentários atinentes ao texto, desdobrando-o com suas conscienciosas colocações. A seguir, um a um dos presentes seguira-lhe o exemplo, relatando suas enriquecedoras experiências, aportando, consequentemente, outros preciosos elementos para reflexões.

Depois de todos já terem feito suas apreciações, inclusive Jordão, Giovana, a ele, dirigira a palavra, perguntando-lhe, afável:

— Senhor Jordão, dentro de poucos dias, receberemos em nossos braços criaturinhas, Espíritos que haverão de enriquecer nossas vidas, possibilitando-nos vivenciar novas e gratificantes experiências, enriquecendo o acervo espiritual das nossas almas, por meio da nossa dedicação, da renúncia, da educação e do amor incondicional que, certamente, lhes destinaremos. Senhor Jordão, se for possível, gostaríamos que nos dissesse algo que pudesse ser acrescentado a tudo aquilo que aqui foi dito.

O amável médium, como sempre, inspirado pelo alto, depois de alguns breves instantes de absoluto silêncio, como se estivesse relacionando as palavras com as quais revestiria o seu pensamento, visando a bem esclarecer a oportuna pergunta que a gestante lhe fizera, esboçando simpático sorriso, assim lhe respondera:

— Futura mamãe, quando o Pai de infinita bondade nos premia com a benesse da maternidade, entendemos que está em nós depositando Sua total confiança, no sentido de que iremos bem desempenhar as responsabilidades que nos está atribuindo. Em vista disso, alicerçados nos conhecimentos já adquiridos e também naqueles que ainda iremos conquistar, no que se refere à nossa doutrina consoladora, aquinhoados que fomos pelas suas benesses, facultando-nos aprimorar, a cada novo dia, o discernimento e o bom senso que a caracterizam, nos mais diversos campos da atividade humana, dispomos de subsídios importantes, não só para bem preparar os Espíritos reencarnantes para a vida de relação, mas, fundamentalmente, conduzi-los pelos caminhos do bem e do amor, ancorados que estamos pelos sábios ensinamentos que, há mais de dois milênios, Jesus nos legou. De modo geral, logicamente, os Espíritos que retornam ao planeta Terra trazem em sua intimidade a somatória das experiências vividas em pretéritas encarnações e, sendo assim, virtudes e desvirtudes pelejam entre si, tentando impor-se umas sobre as outras. Sitiados que estamos neste mundo de Provas e Expiações, em que o egoísmo impera, se bem refletirmos sobre a infinita sabedoria e bondade de Deus, compreenderemos, claramente, que, se para aqui viemos, é para que nos empenhemos em eliminar essa mácula que estigmatiza nossas almas, impossibilitando-as de luzir e, como tal, de refletirem o amor nelas enclausurado, deixando de acalentar tantos e tantos corações. Não tenham dúvidas de que os Espíritos que irão reencarnar necessitarão que lhes estabeleçamos conscienciosos limites em suas palavras, procedimentos, atitudes e ações, pois, só assim, farão jus à bendita oportunidade que os céus estão lhes ofertando.

Em seguida, passeando o olhar pelos presentes, como se os estivesse convidando a colaborar, conjuntamente, nessa tarefa de suma importância junto aos reencarnantes, continuara, confiante:

— Estes Espíritos haverão de desfrutar o teto que os irá abrigar, o leito que os irá acolher, o cobertor que os irá proteger, as roupas que os irão vestir, o alimento que os irá fortalecer, a companhia e o amor que lhes irão dedicar. Sendo assim, haverão de dispor do necessário para bem iniciarem suas vidas. Todavia, desde cedo, quando nos sentirmos impelidos a impor-lhes algum tipo de limite, por certo, não irão gostar e, talvez, venham a reagir, expressando descontentamento. É natural, humano, que os pais e avós se vejam sensibilizados, estimulados a atender-lhes às solicitações e, com essa atitude, virem a usufruir a paz, e as crianças, por sua vez, satisfeitas, felizes, por se sentirem atendidas em seus quereres. Entretanto, é importante que avaliemos, à luz da nossa consciência e do nosso bom senso, se as reivindicações são de fato justas, necessárias, cabíveis, pois, se assim não forem, não deveremos atender-lhes às solicitações, pois, se o fizermos, estaremos colaborando para que, gradualmente, essas almas venham a enveredar pelas estradas do comodismo, da irresponsabilidade e do querer instintivo e, por isso, descontrolado, retardando os seus passos, rumo à seara de Jesus. Enfim, essa é a missão que os aguarda e, se bem a desempenharem, haverão de desfrutar a paz em suas consciências, pois estando de alguma forma mais ou menos presentes, cumpriram com as responsabilidades que lhes foram destinadas junto àqueles que os presentearam com o privilégio de se tornarem pais e avós, ao mesmo tempo em que eles assumiram a incumbência de respeitá-los e amá-los. Por outro lado, para bons observadores, desde algum tempo, boa parte dos Espíritos que estão reencarnando trazem ilustradas em suas intimidades características interessantes, pois apresentam-se muito sensíveis, vivazes, questionadores, assimilando conhecimentos vários com impressionante rapidez, deixando admirados seus genitores e familiares, tais os arroubos de inteligência que, dia a dia, vão demonstrando. Porém, paralelamente aos conhecimentos que, do lado de lá adquiriram, necessitam aprimorar-se no campo dos nobres sentimentos, exercitando-se na prática da caridade, da compaixão, da gratidão, da compreensão, do perdão, do amor ao próximo para, assim agindo, despojarem-se das desvirtudes que também os assediam e acompanham ao longo da esteira bendita das encarnações. Por essas razões, deveremos nos manter atentos para não deixá-los ser abraçados pelos tentáculos anestesiantes da matéria efêmera e ilusória, que, por certo, comprometerão os seus amanhãs.

Lágrimas de emoção umedeceram os olhos de todos os presentes que, a partir de então, intimamente se comprometeram a empenhar-se, sem tréguas, para bem assessorá-los no extenso e gratificante caminho da redenção.

Instantes depois, Enzo iniciara as vibrações da noite, para, logo depois, fazer a prece de encerramento da enriquecedora reunião de confrades.

Na sequência, as conversações seguiram amistosas, alegres e, meia hora depois de Giovana ter servido saboroso suco, acompanhado pelos tradicionais bolinhos de chuva, todos, felizes, se despediram, certos de que haviam compartilhado momentos únicos de aculturamento e espiritualidade.

# CAPÍTULO 20

Alguns dias depois, na data que houvera sido marcada, Enzo e Giovana deram entrada na maternidade, levando consigo a ansiosa expectativa daqueles que seriam inesquecíveis momentos.

Enquanto estava sendo submetida aos processos médicos de praxe, Giovana, já acompanhada pela doutora Clara, delatava no semblante a paz que a visitava, confiante de que o Pai eterno a ninguém desampara e ali estaria presente por meio dos seus emissários espirituais, que a tudo acompanhariam, contribuindo para o sucesso do sublime evento.

Quinze minutos depois, os futuros avós também adentraram o local, portando em seus corações os mesmos sentimentos que enlaçavam os futuros pais.

Na confortável sala de espera onde todos, compenetrados, se encontravam, aguardando o tão esperado e precioso momento, Enzo rompera o silêncio, pedindo que o acompanhassem na prece que se sentia motivado a fazer. Com os olhos umedecidos pelas lágrimas e as faces empalidecidas, dissera com a voz trêmula de emoção:

— Pai de infinita misericórdia, estes minutos que antecedem o instante glorioso da maternidade, mentalmente de joelhos e com o coração envolto pelos mais puros sentimentos, venho agradecer-Lhe pela joia preciosa que em forma da paternidade me ofertastes, comprometendo-me a honrá-la até os últimos dias da minha existência. Sinto que uma paz indizível enlaça a minha alma, dando-me a certeza de que, em breves minutos, Giovana se tornará mãe, acolhendo, carinhosamente, aquelas criaturinhas que vieram enfeitar as nossas vidas. E a vocês, Espíritos amigos que nos privilegiaram com a companhia e as mais dedicadas atenções, peço-lhes que estejam bem próximos a Giovana, amparando-a nestes momentos únicos das mais intensas emoções, inspirando a doutora em seu nobre mister, para que a tranquilidade e a paz reinem em todo o ambiente, proporcionando aos Espíritos reencarnantes um feliz regresso a este abençoado planeta azul.

Enfim, ao cabo de 45 minutos, Marcos (o Espírito do militar que irrefletidamente molestara Giovana e que na encarnação anterior fora o jovem e intempestivo Bruno), Carlos (outrora Nestore, o importante, prepotente e frio personagem do exército italiano durante a Segunda Guerra Mundial) e Claudia (que na encarnação passada fora Alessia, respectivamente esposa e mãe dedicada de Nestore e Bruno), retornavam aos palcos da vida para, unidos, uma vez mais, exercitarem-se pelas estradas perfumosas da fraternidade e do amor, cumprindo, assim, as promessas que haviam feito quando ainda se encontravam no mundo dos Espíritos, no sentido de se empenharem para evoluir ao trafegarem pela esteira áspera da redenção.

Assim, Enzo (ex-Giancarlo), Giovana (ex-Giulia), Arnaldo (ex-Marcelo), Wilma (ex- Antonella), Mario (ex-Delano) e Cristiane (ex-Alice) recebiam em seus regaços aqueles três Espíritos, assumindo a responsabilidade de, com eles, interagirem, ofertando-lhes o amor incondicional, porém, consciencioso, para juntos resgatarem os erros cometidos no passado e, com os corações entrelaçados, transitarem pelos caminhos do arrependimento e do perdão.

Ao longo dos anos, cada um dos Espíritos reencarnados fora pintando com as cores da sinceridade e da espontaneidade infantil a tela das suas personalidades, ilustrando suas virtudes e desvirtudes, provendo seus pais e avós com os elementos necessários para, aos poucos, virem a fixar-lhes, amorosamente, limites cabíveis em suas palavras, atitudes e ações, bem como com eles transitarem pelas avenidas dos bons sentimentos, orientando-os, desde bem cedo, a seguir as pegadas do Mestre de todos os mestres.



Quando os trigêmeos completaram 10 anos, seus familiares não guardavam mais dúvidas quanto aos traços predominantes do perfil de cada um, que, logicamente, carecia de ajustes pontuais e frequentes para que, no futuro, viessem a se tornar cidadãos do bem, tendo o Sublime Peregrino da paz como bússola a nortear-lhes os passos e a conduta.

Carlos, dos irmãos, tornara-se o mais forte fisicamente. Aos poucos, fora delatando o seu gênio dominador e prepotente, não aceitando ser contrariado por quem quer que fosse e, quando os irmãos assim agiam, os atemorizava, conseguindo, dessa forma injusta e ditatorial, que lhe atendessem os caprichos.

Com certa frequência, seus pais fixavam-lhe limites, todavia, nem sempre os respeitava.

Por vezes, Enzo e Giovana sentiam-se impelidos a isolá-lo por determinado espaço de tempo, visando, com isto, fazê-lo refletir sobre o deslize que houvera praticado, a fim de que não viesse mais a cometê-lo. Entretanto, logo após o seu esperado e tradicional pedido de desculpas e a promessa de que não iria mais incorrer no mesmo erro, Carlos era dispensado da reprimenda, até o momento em que viesse a cometer qualquer outro desvio de conduta, quando, então, haveria de receber nova repreensão.

Não era afeito a palavras ou atitudes afetuosas, mostrando-se arredio a qualquer tipo de carinho com o qual alguém o presenteasse, evidenciando a frieza e autossuficiência que acompanhavam a sua alma.

De todos os seus familiares, a irmã fora a que conquistara a sua afeição e, por ela, vez em quando, descia do seu pedestal infantil, mostrando-se afável, atendendo-lhe um pedido, traduzindo, assim, os laços afetivos que, desde a encarnação passada, uniam suas almas quando, então, transitavam pelas sagradas estradas do matrimônio.

Marcos, por sua vez, era o mais franzino dos irmãos e o mais dependente de atenções e carinhos, deleitando-se quando, com ele, assim agiam.

Desde cedo, mostrara-se influenciável, comumente aderindo aos pareceres alheios, sem esboçar qualquer tipo de reação. Entretanto, quando lhe chamavam a atenção, recriminando-o por algo que tivesse feito de errado, magoava-se e, fechando o cenho, guardava o ranço do rancor em sua alma, ainda escravizada pelo melindre e pelo orgulho, até quando aquele que o houvera justamente admoestado voltasse a dispensar-lhe atenções e carinhos.



Algumas poucas vezes, seus pais o mantinham, temporariamente, isolado dos irmãos, incentivando-o a refletir sobre as palavras, atitudes ou ações inconvenientes que praticara e que, na maioria das vezes, devia-se ao fato de ter-se aliado ao irmão em suas costumeiras traquinices e afrontas.

Quanto à menina Claudia, logo demonstrara ser uma criança sensível, afável, obediente, muito zelosa para com os irmãos, defendendo-os sempre que algum tipo de reprimenda lhes era endereçada, pois se condoía vendo-os cabisbaixos e, temporariamente, impedidos de desfrutar os seus costumeiros folguedos.

Sendo assim, era comum vê-la, por eles, intercedendo, na tentativa de persuadir seus genitores a abreviar-lhes a desagradável estadia em local isolado, enquanto refletiam sobre os seus deslizes, visando trazer-lhes de volta a alegria.

Era, por assim dizer, o xodó de toda a família, pois não poupava seus infantis esforços para ver seus pais, irmãos ou avós felizes e, sempre que uma contrariedade os viesse importunar, era a primeira a abraçá-los, a beijá-los, tentando assim trazer-lhes de volta o bom ânimo que os havia abandonado.

Giovana, incondicionalmente amorosa, desde que se tornara mãe, fora ilustrando notória paciência e doçura para com todos, tornando-se, não só a estrela luminosa do lar, mas também de toda a família, sempre pronta a escutar, dialogar, colaborar, alicerçada que estava nos conscienciosos ensinamentos que a Doutrina dos Espíritos lhe propiciava.

Enzo, por sua vez, demonstrara ser pai responsável, presente, tornando-se, a cada dia, mais querido por todos aqueles que desfrutavam a sua companhia, primando pela educação e simpatia.

Todas as vezes que Enzo dava qualquer tipo de orientação aos filhos, ou mesmo lhes endereçava alguma admoestação, colocando-lhes limites, Giovana mantinha-se em absoluto silêncio, com o propósito de não lhe comprometer a autoridade, sendo que o mesmo acontecia com ele quando a esposa assim procedia.

Entretanto, todas as vezes que Enzo sentia-se impelido a censurar Carlos, motivado pelas suas frequentes travessuras, apesar de esforçar-se para conter os seus impulsos, agredia por meio de palavras rudes, gestos bruscos e atitudes ríspidas, atemorizando-o, a ponto de fazê-lo sentir-se ofendido na intimidade da sua alma, impelindo-o a correr para o quarto, refugiando-se para amainar as dores psicológicas que o assaltavam.

Quando isto acontecia, Enzo sentia o remorso a corroer-lhe as entranhas, pois tal atitude não condizia com o seu perfil espírita, fazendo-o desacorçoar-se de si mesmo. Na realidade, Enzo (que na encarnação passada, fora Giancarlo) ainda guardava nas profundezas da sua alma resquícios de revolta, face aos dolorosos traumas por que passara, quando Nestore (na atual encarnação, Carlos) fora o seu insensível algoz, ordenando ceifar-lhe a vida e as dos seus queridos.

Sempre que Giovana (que na encarnação anterior fora Giulia) presenciava essas cenas desagradáveis, pelo seu olhar compassivo, tentava arrefecer o ânimo exaltado do esposo, com o nobre propósito de amainar a dor íntima que o enlaçava. Tinha absoluta consciência de que uma vez mais o companheiro houvera extrapolado na sua admoestação junto ao filho, ferindo-o intimamente, entendendo que, apesar da indomável rebeldia do menino, ele carecia da sua paciência, da sua compreensão e do seu amor.

Enzo, por várias vezes conversara com a esposa acerca desse seu lamentável procedimento e em todas estas oportunidades penitenciara-se, propondo-se, sinceramente, a empenhar-se para corrigir essa sua impulsiva atitude, ciente de que, assim agindo, haveria de trazer o filho para mais próximo de si; caso contrário, mais e mais, do pai, ele, Carlos, se distanciaria.

Todavia, temia vir a proceder da mesma maneira, tão logo o filho viesse a cometer um novo deslize comportamental.

Quanto aos avós, era nítido o esforço que faziam para se manterem comedidos em relação aos caprichos dos netos, empenhando-se para não se deixarem dominar pelo coração em lugar da razão, pois, se assim procedessem, estariam interferindo, negativamente, na educação dos gêmeos, desviando-os dos limites que os pais, amorosa e conscientemente, lhes haviam estabelecido, com o único propósito de torná-los bons cidadãos, pautando suas vidas pelos nobres princípios do respeito e do amor ao próximo.

# CAPÍTULO 21

Certa noite, logo após os filhos terem ido dormir, preparando-se para os afazeres do próximo dia, o casal encaminhara-se para a sala-de-estar com o propósito de iniciar proveitoso diálogo.

Giovana o iniciara, dizendo:

— Meu bem, algumas vezes já conversamos a respeito do que vou dizer; entretanto, por razões várias, porém injustificáveis, acabamos por negligenciar ao que nos havíamos proposto a colocar em prática. Trata-se do nosso filho Marcos. Ultimamente tenho notado que o melindre vem envolvendo-o, tornando-o cativo do orgulho e, logicamente, da incompreensão. É como se densa névoa o impedisse de visualizar seus erros e, portanto, de vir a corrigi-los. Esgueirando-se, traiçoeiramente, o melindre como que penetra em seus ouvidos, qual réptil venenoso a instilar a mágoa e o ressentimento, transformando justas palavras em estiletes penetrantes a ferirem sua alma, comprometendo o seu hoje, e, por certo, o seu amanhã. A adolescência se aproxima a passos largos e, se não agirmos com rapidez e eficácia, não lograremos êxito nesta peleja tão difícil. Todavia, meu querido, como fazer para convencer o nosso filho a não se melindrar, se os seus ouvidos parecem não querer escutar e a sua mente não querer entender?



Enzo, compreendendo, perfeitamente, o parecer da esposa, dissera, evidenciando no semblante a preocupação que o viera visitar, face ao que lhe houvera sido exposto:

— Giovana, entendo sua justa inquietação; só nos restando ter a paciência necessária para, aos poucos, irmos demonstrando ao Marcos os transtornos que tal desvirtude irá lhe causar no dia a dia da sua vida, comprometendo sua jornada encarnatória.

Giovana, que acompanhara atentamente o parecer do esposo, a seguir, com doce entonação na voz, dissera:

— Que Jesus, o Mártir da Cruz, nos inspire a fazer o melhor pelo nosso filho, acompanhando-o pelas estradas da vida, presenteando, a nós pais, com a esperança de que, pouco a pouco, se desvencilhe das amarras pegajosas do melindre que aprisiona a sua alma, vindo a tornar-se um homem de bem.

Após algumas outras poucas considerações a respeito, afadigados, encaminharam-se para o quarto, a fim de usufruírem do justo e necessário refazimento.

Com o transcorrer do tempo, Giovana fora notando que Marcos passara a apresentar na altura do couro cabeludo diminutas placas avermelhadas de escamação esbranquiçada.

Como, com o decorrer dos dias, as ditas placas não davam mostras de que iriam desaparecer, Giovana decidira-se por levar o filho ao médico, na esperança de que o facultativo viesse a diagnosticar e debelar o incômodo que o filho apresentava.

Na ocasião, tão logo o doutor Paulo concluíra o detalhado exame que fizera no menino, dirigira a palavra à Giovana, tomando todo o cuidado para não alarmá-la quanto ao diagnóstico que iria dar. Confiante e tranquilo, assim se expressara:

— Giovana, em primeiro lugar quero informar-lhe que o quadro que o Marcos apresenta não é preocupante, e sim tratável, com boas perspectivas de abrandamento da sintomatologia, desde que observados os procedimentos adequados para o caso, que, em seguida, irei detalhar. Pela minha experiência de longos anos na área da dermatologia, posso afiançar-lhe que estamos diante de um quadro típico de psoríase. Trata-se de uma doença de pele, genética e autoimune, não contagiosa, manifestando-se por meio da inflamação das células da pele, formando placas avermelhadas de escamação esbranquiçada, tais quais o menino Marcos apresenta.



Apesar das fraternais precauções de que o doutor se valera ao expor o seu diagnóstico, Giovana que, até então, ignorava a existência de tal enfermidade, perguntara-lhe, apreensiva e ansiosa:

— Esta doença é incurável, doutor?

O médico, esboçando um tranquilizante sorriso, lhe respondera, confiante e calmamente:

— Apesar de ser uma doença crônica, e, como já disse, não contagiosa, é perfeitamente tratável e com boas chances de vir a amainar. Para tanto, existe medicação específica que auxilia na regressão dos sintomas, fazendo-os chegar a níveis discretos, possibilitando ao seu portador uma natural vida de relação, com algumas poucas ressalvas, dependendo, é claro, de como o paciente encara o seu problema. Acredita-se que fatores pessoais, psicológicos, estressantes, possam também vir a influenciar positiva ou negativamente nos sintomas da doença, ou seja, arrefecendo-os ou agravando-os. Por esta razão, Giovana, deverá manter-se sempre atenta para que esta enfermidade não venha, agora ou no futuro, afetar a vida do menino Marcos.

Menos apreensiva, Giovana perguntara:

— Existe algum risco de os sintomas virem a se espalhar pelo corpo?

Sem delongas, ilustrando tranquilidade no semblante e na voz, respondera-lhe convicto:

— Sim, existe. No caso em pauta, além do couro cabeludo, as partes comumente afetadas costumam localizar-se, por exemplo, nos cotovelos, nos joelhos, nas sobrancelhas... Todavia, tais possibilidades não deverão ser motivo de preocupação da sua parte, pois basta seguir minhas recomendações e manter-se alerta quanto ao comportamento psicológico do menino, para que os sintomas permaneçam restritos à área afetada, devidamente controlados e mantidos em níveis discretos, aceitáveis.

Giovana ainda fizera algumas poucas perguntas e, tão logo foram esclarecidas, ela e o filho despediram-se do profissional, com a promessa de retornarem ao seu consultório na data que houvera sido combinada.

À noitinha, tão logo o esposo retornara das responsabilidades profissionais, Giovana o colocara a par dos últimos acontecimentos, para, juntos, passarem a observar mais detidamente o filho, com o propósito de acompanharem a sua enfermidade e os seus possíveis desdobramentos.



Depois do jantar, como sempre, realizado na companhia dos gêmeos, estes, após o tradicional beijo de boa-noite, encaminharam-se para o aconchego dos seus leitos, para lá recuperarem as energias gastas, enquanto o casal se dirigira ao jardim de inverno para, como, habitualmente o faziam, dialogarem, pondo-se a par das ocorrências do dia.

Giovana, demonstrando no semblante as preocupações que a envolviam com respeito à enfermidade do filho, iniciara a conversação, evidenciando a responsabilidade que estavam assumindo perante o mesmo, no sentido de empenharem-se para, paciente e amorosamente, corrigir os arroubos de melindre que Marcos apresentava, pois, se assim não procedessem, o menino iria correr o risco de ter expandida a sua doença, o que, por certo, haveria de influenciar a sua conduta ao percorrer as inumeráveis estradas da vida.

Plenamente concordes com a importante atribuição que acabavam de assumir, passaram a abordar alguns temas contidos nos livros que estavam lendo, enriquecendo, assim, suas respectivas culturas espiritistas.

Agradavelmente entretidos, não perceberam o tempo passar e, somente quando os primeiros sinais do sono os viera convidar para se encaminharem ao conforto do leito, é que se deram conta dos prazerosos momentos que, juntos, houveram desfrutado.

# Capítulo 22

Os dias foram movimentando a ampulheta do tempo e, com eles, novas e importantes experiências a unida família fora vivenciando, preparando-se, sem o saber, para vir a enfrentar as ásperas jornadas que a aguardava, pois, só assim, seus integrantes haveriam de ter a oportunidade de lapidar suas almas, fazendo-as brilhar, alumiando os caminhos do porvir.

Todas as vezes que Marcos ultrapassava os limites do bom senso no tocante às palavras que proferia, às atitudes que tomava, às ações que praticava, ou mesmo irritando-se quando contrariado em seus desejos, era, pontualmente, convidado pelos pais a refletir sobre o deslize que cometera, com o propósito de corrigi-lo em sua performance, procurando conscientizá-lo da necessidade imperiosa de se tornar um ser humano fraterno, responsável, respeitador dos direitos alheios, valorizando todos aqueles que o privilegiavam com a companhia e a amizade.

Porém, quando tais reprimendas ocorriam, o menino voltava a fechar o cenho, dirigindo-se a passos rápidos e nervosos para o quarto, evidenciando o seu descontentamento, curtindo, assim, a dor íntima que o melindre, teimosamente, nele provocava.

Após os episódios mais tensos, Giovana e Enzo notavam que as placas características da psoríase se alastravam, tornando-se mais evidentes, constrangendo, profundamente, o filho, devido ao aspecto desagradável que ilustravam.



Por vezes, quando a doença se apresentava mais aguda, os colegas de escola dele se afastavam, visivelmente incomodados, temerosos, equivocadamente, de que pudessem ser contagiados, ao mesmo tempo passara a sentir-se rejeitado pelas jovenzinhas que, com ele, começavam a transitar pelas avenidas perigosas e preocupantes da adolescência.

Quando tais ocorrências vinham em seu encalço, ao voltar para casa, Marcos espelhava no semblante o desalento que o enlaçava e, sem dizer uma só palavra, dirigia-se para o quarto, deixando que as lágrimas viessem banhar o seu rosto, materializando a tristeza que, indomável, se hospedava em sua alma carente.

Nessas ocasiões, poucos minutos depois, Giovana encaminhava-se para o quarto onde Marcos se encontrava para com ele dialogar, na expectativa de conseguir amainar a desilusão que, por certo, o jovenzinho estava vivenciando.

Bastavam, porém, alguns poucos instantes de amorosos aconselhamentos por parte de Giovana para que Marcos demonstrasse, em sua fisionomia, o alívio que o viera visitar, retornando o bom ânimo para dar continuidade à sua jornada.

Ao final da saudável conversação, um fraternal abraço selava mais um gratificante encontro entre aquelas duas almas.

Certa noite, depois do jantar, pais e filhos adentraram o campo do diálogo, evidenciando a fraternal descontração que a todos envolvera.

Meia hora mais tarde, o costumeiro boa-noite se fizera presente, quando, então, os gêmeos encaminharam-se para os seus respectivos quartos, para, ali, aguardarem a chegada do sono reconfortante e reparador.

Em seguida, como sempre faziam, Giovana e Enzo se direcionaram para o jardim de inverno a fim de dialogarem, relatando, cada qual, os fatos mais marcantes do dia.

Giovana iniciara a conversação, colocando o esposo a par do que, uma vez mais, houvera ocorrido com Marcos, ilustrando a preocupação que, há tempos, vinha incomodando-a, assim se expressando:

— Meu querido, não há mais dúvidas de que a psoríase do nosso filho se agrava todas as vezes em que se sente melindrado, ferido em seu orgulho. É natural que desejaríamos que essa enfermidade não mais o viesse perturbar, porém, sabemos que, apesar de todos os recursos de que a medicina dispõe, até o momento atual, isto não é possível, pois fatores íntimos, psicológicos do próprio paciente, influenciam, mais ou menos intensamente, no processo enfermiço, enquanto nós, em princípio, permanecemos quase que de mãos atadas, pouco podendo fazer em seu favor a não ser medicá-lo, conforme as recomendações médicas. Para nós, está bem claro que o agravamento ou abrandamento dos desagradáveis sintomas da doença está nas mãos do nosso filho, cabendo-nos tentar convencê-lo disto o quanto antes, a fim de poupá-lo dos dissabores que o vem incomodando, tudo fazendo crer que irão intensificar-se, face à adolescência que Marcos principiara a experienciar.

Aproveitando-se de ligeira pausa na fala da esposa, Enzo assim se manifestara:

— Querida, nós devemos nos esforçar para não nos deixar envolver pelo abraço pegajoso do pessimismo, pois é do nosso conhecimento, que tudo aquilo que conosco acontece ou venha a acontecer, em suma, são lições oportunas, pontuais, destinadas à nossa alma, para que, no amanhã, venha a iluminar-se, clareando também as estradas pelas quais iremos transitar, tendo por companhia muitos outros irmãos que conosco jornadeiam neste mundo de provas e expiações. De nossa parte, devemos entender a doença do nosso filho como sendo a providência divina intercedendo em seu favor, alçando-o das águas profundas e turbulentas do melindre que o aprisionam, possibilitando-lhe enxergar um novo e profícuo porvir. Assim sendo, aproveitemo-nos desta oportunidade, disfarçada em dor psicológica que o nosso Marcos vem vivenciando, para auxiliá-lo, gradualmente, a libertar-se desse dorido cativeiro.

Giovana, que se mantivera atenta às conscienciosas palavras emitidas pelo esposo, suavemente as deixara mergulhar na intimidade do seu coração de mãe, sentindo-se presenteada pela tranquilidade, fazendo com que o seu rosto voltasse a se iluminar, devido ao otimismo consciente que, a partir daqueles momentos, passaria a fazer-lhe constante companhia.

Sem emitir mais uma só sílaba, o casal, afetuosamente, se abraçara, formando um conúbio amoroso em prol de um único e nobre objetivo, o de ajudar o filho amado a livrar-se da sufocante desvirtude da sua alma, devolvendo-lhe o bom humor e a alegria do convívio com os demais seres humanos à sua volta. Em sequência, permitindo que sorrisos confiantes viessem adornar seus semblantes, Giovana e Enzo, abraçados, dirigiram-se para o quarto, guardando no recôndito dos seus corações as esperanças que o futuro lhes haveria de reservar.



Durante o transcorrer de um chuvoso domingo, enquanto Carlos e Claudia mantinham-se entretidos em seus respectivos e típicos afazeres da adolescência, seus pais se propuseram a convidar Marcos para, com ele, conversar, pois, naquele dia, em especial, o filho se encontrava profundamente solitário, curtindo a tristeza provocada pelos traumas psicológicos que o assaltavam, face à enfermidade que, perseverante, não lhe dava tréguas.

Marcos, denotando na fisionomia dorido desalento, resolvera, a custo, atender-lhes o convite, e deixando-se abraçar pelos pais, com eles se dirigira para a aconchegante sala de estar a fim de dialogarem.

Estimulado a falar sobre o problema que o afligia, Marcos demonstrara toda a sua revolta com respeito à doença, expondo o seu descontentamento e o seu pessimismo no tocante à sua cura ou ao seu abrandamento, salientando que, apesar de toda a medicação de que se via obrigado a utilizar, não sentia melhoras, pois a seu ver a psoríase continuava, impassível, a sua marcha.

Giovana e Enzo compreendiam o que se passava na mente imatura do filho, que, ignorando a sábia lei da ação e reação, não se conformava com o processo enfermiço pelo qual passava, fruto dos desvios comportamentais que ainda se encontravam presentes na intimidade da sua alma.



Com muita paciência e tato, utilizando-se de palavras amorosas, porém, justas, verdadeiras, pouco a pouco, foram conseguindo conscientizar Marcos a respeito da influência que ele próprio exercia no agravamento ou arrefecimento do desconforto físico que o perseguia.

Referiram-se, especificamente, ao melindre que o açoitava, responsabilizando-o pelo recrudescimento, por vezes, da sua doença, estimulando-o a refletir sobre tudo aquilo que lhe haviam dito, deixando-o a mercê do seu livre-arbítrio para que viesse, pouco a pouco, a mudar o seu comportamento, tornando-se mais paciencioso, maleável e resignado para com os ditames da vida, entendendo-os como lições primorosas a burilar a sua intimidade, o que o tornaria uma pessoa feliz, distanciando-se das desagradáveis amarras dos preconceitos.

Envolvido pelos amigos espirituais que assessoravam a família, durante toda a argumentação de que Giovana e Enzo se valeram para convencer o filho, este se mantivera calado, todavia, atento, demonstrando estar assimilando os aconselhamentos que os genitores lhe endereçavam, propondo-se, intimamente, a mudar o seu comportamento perante as diversas e, por vezes, difíceis nuanças da vida, esforçando-se para compreendê-las e aceitá-las como lições de inestimável valor, pois, assim agindo, haveria de, aos poucos, conseguir amainar os sintomas da doença, mantendo-a reclusa, limitada a níveis mínimos e, naturalmente, aceitáveis.



A partir daqueles fraternais e esclarecedores diálogos, iniciava-se ferrenha batalha entre Marcos e sua própria criação, o melindre, cujo vencedor somente o tempo haveria de legitimar.

*Caro Leitor:*

*Não é inabitual que, no dia a dia das nossas vidas, venhamos a encontrar no convívio familiar, profissional, social, pessoas que são portadoras do que a ciência classifica de doença autoimune.*

*Para esse tipo de enfermidade, apesar de todos os esforços, a medicina ainda não encontrou um antídoto capaz de combatê-la com total sucesso. Por essa razão, essas pessoas necessitam de constante acompanhamento por parte dos médicos, que se empenham para evitar que a doença venha a ultrapassar limites aceitáveis, com os consequentes efeitos constrangedores e, por vezes, perigosos, para os seus hospedeiros.*

*A ciência médica procura por meio das drogas, pomadas, regimes alimentares... manter a doença sob controle, proporcionando aos seus portadores uma natural, porém comedida vida de relação, desde que observados determinados parâmetros estabelecidos pela medicina.*

*Todavia, basta que o enfermo se descontrole emocionalmente, motivado pela não aceitação e incompreensão dos ditames da vida, para que a intimidade do seu veículo físico se desajuste, possibilitando à doença romper a barreira medicamentosa que a mantinha reclusa, em letargo, para então reeclodir, reexpandindo-se, a ponto* de trazer preocupação e desalento ao enfermo e ao médico que o assiste.

Assim sendo, o paciente (ao mesmo tempo vítima e algoz de si mesmo) vê-se obrigado a intensificar o tratamento médico a que vinha se submetendo, tendo de resignar-se com o aumento das dosagens medicamentosas que, aos poucos, haviam sido diminuídas, face às melhoras que apresentava, e, com isto, tentar abrandar a crise que o viera, novamente, incomodar.

Na verdade, o fato de o enfermo não conseguir administrar os impactos da vida, não se esforçando para compreendê-los e absorver-lhes os ensinamentos, desestabiliza o seu perispírito que, sentindo-se envolvido por fluidos densos, grosseiros, automaticamente, deles procura se desvencilhar, direcionando-os ao corpo físico, desequilibrando-o, permitindo que a doença se potencialize, trazendo com ela o cortejo de dissabores e, por vezes, ameaçadores efeitos.

Em vista destas considerações, esses irmãos de jornada deverão passar a olhar para dentro de si mesmos, com o propósito de detectar as causas dos seus conflitos íntimos, empenhando-se, com destemor e perseverança, para extirpá-las das suas almas e, para tanto, a medicação eficaz se encontra presente no Evangelho de Jesus.

Desta forma agindo, não restam dúvidas de que a enfermidade irá apresentando alentadora remissão, *diminuindo a sua frequência e intensidade, logicamente compatíveis com o grau de mudança dos pensamentos e atitudes do doente, empenhado que esteja para encontrar as causas do conflito íntimo que o assedia.*

*Ocorre então que o seu períspirito vai sendo, gradualmente, revestido de fluidos sutis, saudáveis, que interpenetram o seu corpo físico, equilibrando-o, pouco a pouco, possibilitando ao enfermo visualizar um amanhã menos preocupante e, relativamente, mais feliz.*

# Capítulo 23

Ao longo dos anos, sempre assessorados por Jordão, Giovana e Enzo tornaram-se espíritas convictos, responsáveis, perseverantes no campo fértil e dadivoso da caridade e do amor.

Enquanto Giovana enveredara pelas estradas perfumosas da psicografia, tornando-se medianeira de enriquecedoras mensagens espirituais, confortando tantos e tantos corações, seus pais também se tornaram tarefeiros assíduos do Paz e Amor, exercitando-se pelas avenidas floridas da incondicional fraternidade.

Enzo, por sua vez, transformara-se em inspirado palestrante, esclarecendo, por meio do seu verbo fluente e cativante, os ouvintes que, atentos, prestigiavam suas elogiáveis preleções, enquanto os seus pais, trabalhadores incansáveis da casa de caridade na qual toda a família estava filiada, continuavam prestando relevantes serviços em prol da causa espírita, iluminando, cada vez mais, suas almas idealistas.

Há tempos, Giovana e Enzo passaram a realizar o Evangelho no Lar, assumindo-o como sendo enriquecedora rotina em suas vidas, auxiliando-os nas decisões que, naturalmente, como todos os demais seres humanos se veem impelidos a tomar, diante dos incontáveis apelos do mundo.

Desde cedo, seus filhos eram convidados a dele participar, a fim de que, aos poucos, suas almas viessem a desfrutar os nobres ensinamentos nele contidos, o que, por certo, os iria nortear na laboriosa caminhada que haveriam de empreender por este planeta de provas e expiações.

Carlos, nessas ocasiões, sempre se mostrava distraído, apático, não demonstrando qualquer interesse em participar, interagir, ao passo que seus irmãos, em especial Claudia, sempre se propunham a fazer a oração final, demonstrando toda a satisfação que experimentava ao concluí-la.

Quanto a Marcos, sempre se mostrava atento à leitura que estava sendo feita, absorvendo seu conteúdo, o que, sem dúvidas, muito o ajudaria no futuro que se avizinhava.

Ao chegarem ao período da adolescência, enquanto Claudia e Marcos se mostravam participativos, interessados no aprendizado das lições que o Evangelho lhes facultava, enriquecidas pelos comentários pontuais e conscienciosos dos seus pais, Carlos mostrava-se, como sempre, desinteressado, enfadado, deixando bem claro que nada usufruía da leitura e dos comentários edificantes que eram feitos, perdendo proveitosos momentos de espiritualidade para esclarecer sua alma arredia e, consequentemente, projetar para si próprio um melhor amanhã que, aos olhos dos seus genitores, se apresentava nebuloso, indefinido, preocupante.

Durante um tépido final de tarde de domingo, enquanto os gêmeos se encontravam entretidos em seus afazeres de adolescentes, Giovana e Enzo, acomodados na sala-de-estar, assim dialogavam:

— Enzo — dissera Giovana —, estou ficando cada vez mais preocupada com o Carlos. Apesar de todos os nossos esforços no sentido de torná-lo um jovenzinho cônscio das suas responsabilidades, educado, fraterno, afável, pelo menos conosco e com os próprios irmãos, não vejo progresso algum nesses sentidos. No colégio, tem demonstrado ser um aluno descompromissado para com as suas obrigações. Quanto aos irmãos, evidencia seu espírito prepotente e dominador e, no tocante a nós, mostra-se insensível aos nossos conselhos e aos nossos carinhos, denunciando uma preocupante frieza.

Enzo escutava atento todas as ponderações da esposa, demonstrando, por meio do semblante, que com ela compartilhava suas justas observações. Em seguida, com a voz desalentada, traduzindo a mesma inquietação da esposa, dissera:

— Minha querida, concordo plenamente com tudo aquilo que acabara de dizer. Da minha parte, confesso não saber mais o que fazer para tentar mudar o temperamento desagradável e inconsequente do nosso filho. Penso que deveríamos conversar com Jordão a esse respeito, pois, como sempre, ele haverá de nos aconselhar como proceder. Todavia, só poderemos encontrá-lo dentro de aproximadamente três semanas, em razão de ter viajado para o interior do Estado, a pedido do seu irmão que irá submeter-se a uma delicada cirurgia, necessitando, assim, da sua presença e colaboração.

Giovana, de pronto, atendera-lhe a sugestão, propondo-se, oportunamente, a conversar com o filho a esse respeito, na expectativa de convencê-lo, na oportunidade, a acompanhá-los.

Na realidade, cada qual sentia nas profundezas silenciosas das suas almas, que somente por meio do concurso da dor Carlos haveria de modificar a sua personalidade dominadora e insensível, encaminhando-se, enfim, em direção às sendas do fraternal amor.

Porém, nenhum deles traduzira em palavras esse coincidente pensamento, guardando-o no recôndito dos seus seres, entendendo-o como sendo uma inspiração do alto, preparando-os para enfrentar as experiências difíceis que haveriam de vivenciar.

O resto do dia passara sem nenhuma ocorrência digna de menção.

Na segunda-feira, Carlos amanhecera indisposto, irritado, indo fazer o costumeiro desjejum visivelmente contrariado, e somente o fizera devido à amorosa insistência da genitora.

Enfadado, logo depois, dirigira-se para o colégio em companhia dos irmãos, denotando incômodo cansaço.

De retorno ao lar, após ter cumprido suas tarefas escolares, em silêncio, se encaminhara para o quarto e, atirando-se no leito, em breves instantes, fatigado, adormecera.

Meia hora mais tarde, ao ser despertado pela mãe, convidando-o para vir almoçar, sonolento, não atendera ao seu pedido, alegando estar muito cansado e sem apetite, querendo, apenas, dormir.

Giovana ainda procurara dissuadi-lo do seu propósito, tentando convencê-lo a se alimentar, entretanto, devido à clara negativa do filho, resolvera deixá-lo descansar e, tão logo despertasse, lhe serviria um lanche reforçado, certa de que Carlos haveria de estar faminto.

Somente no meio da tarde o filho acordara, denotando, ainda, certa indisposição. Todavia, logo após, comedidamente, se alimentar e ser convidado pelos irmãos para participar das suas tradicionais distrações, dera mostras de que a indisposição que sentia, como que por encanto, amainara, tranquilizando, por ora, a genitora.



À noite, diante do apetitoso jantar que Iracy, dedicada colaboradora da família, esmeradamente preparara, Carlos mantivera-se impassível, delatando não estar com apetite, recusando-se a alimentar-se.

Quando Enzo, energicamente, intentara convencê-lo a jantar, Giovana, carinhosamente, intercedera em favor do filho, explicando ao esposo que Carlos havia lanchado por volta das 16 horas e, provavelmente, por esta razão, no momento não estava com o costumeiro apetite.

Findo o jantar, Carlos fora o primeiro a levantar-se e a encaminhar-se para o quarto. Momentos depois, Giovana adentrara em seu dormitório, trazendo-lhe um copo de leite achocolatado que tanto apreciava, na expectativa de que viesse a tomá-lo, alimentando-se, mesmo que precariamente. Carlos, contrafeito, acabara por atender-lhe ao pedido, sorvendo o líquido sem demonstrar a mínima satisfação.

Em seguida, Giovana o cobrira com desvelo de mãe, acarinhando o seu rosto e, logo após beijá-lo e desejar-lhe boa-noite, sentira-se enlaçar por angustiante pressentimento de que dolorosos dias toda a família haveria de vivenciar, pois havia chegado o momento em que o filho seria submetido a duras provas, a fim de vir a resgatar as faltas que houvera cometido nesta e, provavelmente, em anterior encarnação.

Com os olhos inundados pelas lágrimas que vertiam, indômitas, das profundezas do seu coração, momentaneamente, combalido, fora ao encontro do marido, abraçando-o com indizível ternura e emoção, deixando extravasar o desalento que, desde então, hospedara-se na doce intimidade da sua alma.

Carinhosamente indagada pelo esposo a respeito das lágrimas abundantes que deslizavam pelas suas faces delicadas e empalidecidas, Giovana mantivera-se em silêncio, como se quisesse, em princípio, poupá-lo da tristeza que, repentinamente, viera roubar-lhe a paz.

Instantes depois, sentindo-se por Enzo consolada, acalmara-se, e com os olhos úmidos e a voz morna, desalentada, acabara por narrar ao esposo o que com ela havia acontecido, minutos atrás.

Enzo se esforçara para não deixar transparecer à esposa o impacto que seus comentários nele provocara, coincidindo com o pensamento que, dias atrás, também o viera importunar.



Com palavras otimistas, ele procurara aliviar as tensões que os visitava e, ao cabo de 15 minutos, mais calmos, ambos se recolheram ao leito, esperançosos de que o sono os viria abraçar, arrefecendo-lhes a recente comoção.

No outro dia, logo ao despertar, Giovana se encaminhara ao quarto de Carlos, notando-o febril, razão pela qual se apressara em marcar uma consulta médica para o adolescente.

Na tarde do mesmo dia, visivelmente incomodado, Carlos fora examinado pelo doutor Freitas, que, na ocasião, pedira uma série de exames pois, os sintomas que o jovenzinho apresentava não eram concludentes, necessitando de subsídios para poder diagnosticar, com precisão, a febre e o consequente mal-estar que o perturbavam. Todavia, prudentemente o medicara, procurando amainar o seu estado febril.

De volta ao lar, evidenciando incontestável fadiga, Carlos, sem perda de tempo, encaminhara-se para o quarto, projetando-se, imediatamente, ao leito que o acolhera.

Giovana tentara fazê-lo alimentar-se, pois, até aquele momento, muito pouco havia ingerido. Todavia, mal-humorado, alegando estar enjoado, o adolescente recusara-se, terminantemente, a comer.

Dois dias se passaram e, com eles, acentuaram-se os sintomas da desconhecida enfermidade que Carlos hospedava em seu organismo físico.

Tornara-se visível a sua fraqueza e o seu emagrecimento, preocupando sobremaneira os seus pais, irmãos e avós que se rodiziavam em torno do leito em que o jovenzinho se encontrava cativo, mimando-o com palavras, carinhos e atenções, procurando ilustrar todo o afeto que lhe dedicavam, ao mesmo tempo em que se empenhavam para envolvê-lo pelos tesouros da paciência e do otimismo, a fim de que viesse enfrentar com coragem o incômodo que o perseguia.

Tendo em mãos os resultados dos exames solicitados, Giovana e Enzo dirigiram-se ao consultório do doutor Freitas.

Depois dos habituais cumprimentos e, após estarem comodamente assentados, o médico, calma e atentamente, passara a analisar os relatórios que tinha em mãos e, denotando, por meio do semblante, uma mescla de dúvida e sutil preocupação, dissera:

— Os resultados apresentados ainda não me parecem conclusivos. Sendo assim, sinto-me impelido a submeter o jovenzinho a um outro tipo de exame, sem dúvidas, incômodo e invasivo, pois, só assim, terei a possibilidade de diagnosticar, precisamente, o que com ele vem ocorrendo.



Após algumas poucas perguntas feitas ao profissional e dele recebendo esclarecimentos e orientações e também algumas respostas evasivas, evidentemente não comprometedoras, o casal destinara-se para casa, hospedando nas suas almas angustiosas expectativas.

Lá chegando, após abraçarem Claudia e Marcos, encaminharam-se para o quarto de Carlos, encontrando-o dormindo. Após beijarem-no, carinhosamente, tomando todo o cuidado para não acordá-lo, retiraram-se do aposento, não conseguindo evitar que lágrimas sinceras e disfarçadas viessem visitar seus olhos entristecidos.

# Capítulo 24

De posse dos resultados do exame solicitado, Enzo e Giovana apressaram-se em retornar ao consultório do dr. Freitas, para dele ouvir o seu definitivo parecer sobre o caso.

Após rápida análise do relatório, empenhando-se para dissimular o desalento que o viera visitar, o competente médico assim se expressara:

— A notícia que tenho a dar-lhes não é a que desejava. O nosso menino, infelizmente, está com leucemia.

Um silêncio sepulcral se fizera presente, denunciando o doloroso impacto que o grave diagnóstico provocara no casal.

Giovana, sentindo como se a lâmina de um punhal rasgasse as entranhas da sua alma, pedera os sentidos, sendo, imediatamente, amparada pelo esposo e socorrida pelo médico que, rapidamente, a fizera recuperar-se do forte abalo que sofrera.

Em seguida, com a voz embargada pela emoção, delatando a angústia que trafegava pelas vias íntimas do seu ser, perguntara ao profissional:

— O que faremos, doutor?

O médico, compreendendo o sentimento de uma possível perda, que, a partir daqueles momentos, iria fazer desagradável companhia ao casal, respondera convicto:



— A medicina de hoje tem meios de curar essa enfermidade. Os caminhos que ela nos coloca nas mãos baseiam-se, predominantemente, no tratamento quimioterápico, e em alguns casos no transplante de medula. No caso em pauta, iremos iniciar o tratamento submetendo o nosso Carlos ao processo quimioterápico, na expectativa de que ele venha bem responder à medicação.

Após terem recebido do doutor Freitas as orientações que se faziam necessárias, e que à risca seriam seguidas, o casal se retirara do local, levando em seus corações o doloroso veredicto.

Iniciava-se, assim, o calvário de Carlos e o de todos aqueles que compunham a sua amorável família.

Os dias foram transitando pelas vielas do tempo, mesclados pelas exaustivas transfusões medicamentosas e pelas incômodas internações hospitalares do adolescente, como se a vida, a todos, estivesse preparando para o dorido, porém, redentor desfecho.

Desde que tomaram conhecimento do importante diagnóstico médico, toda a família congregou-se em um único e nobre objetivo, o de presentear o adolescente enfermo com seus mais sinceros carinhos e atenções, envolvendo-o em ondas perfumosas de otimismo e amor, com o propósito de aliviar-lhe as agruras, colocando algumas cores em seus acinzentados dias.



Enzo, tendo o coração lancetado pela dor do remorso, por ter sido, até então, muito severo para com o filho e a alma assediada pela possibilidade da perda, desdobrava-se em mimos para com o doente, como se estivesse pedindo-lhe desculpas pelos excessos que cometera ao censurar-lhe, por vezes, a conduta, ferindo-o, profundamente, ensejando-o a deixar-se envolver pelos tentáculos pegajosos da mágoa e do ressentimento, retardando, assim, o seu encontro com a afabilidade e a doçura, antessalas da gratidão e do amor.

Carlos, impossibilitado de vivenciar os folguedos típicos da idade em que estagiava, resignadamente aconchegado ao leito hospitalar que o acolhia, passara a usufruir o tesouro do tempo, vindo, gradualmente, a sentir e a enxergar com a própria alma o quanto era querido pelos seus familiares, que não mediam esforços para confortá-lo e levar-lhe alguns momentos de alegria e de paz.

Sendo assim, Carlos passara a sentir e a valorizar a bênção da companhia e da solidariedade que, até o advento doloroso da sua enfermidade, verdadeiramente desconhecia, pois o seu egoísmo não lhe permitia apreciar.



Gradativamente, seu coração carente fora se deixando enlaçar pelas frequentes e calorosas manifestações de amor que todos, naturalmente, lhe dispensavam, principalmente Enzo, passando a sentir-lhe a falta e, quando tal ocorria, valia-se do telefone para com o pai dialogar, pedindo-lhe a presença para que, juntos, voltassem a desfrutar inesquecíveis momentos.

Todas as manhãs, quando Enzo se direcionava ao hospital onde o filho se encontrava, para dele se despedir, pois as responsabilidades profissionais o aguardavam, Carlos pedia-lhe, insistentemente, para que ali permanecesse e, utilizando-se de um artifício qualquer, tentava persuadi-lo a ficar ao seu lado, o que, apesar de todo o seu esforço, não conseguia, pois o pai, habilmente, lhe explicava as razões pelas quais não era possível atender-lhe o amoroso apelo.

Dia após dia, apesar de eficientemente medicado, o adolescente ilustrava que o seu veículo carnal não estava apondo resistência à sinuosa doença, deixando-se por ela envolver, sofrendo-lhe as dolorosas e constantes consequências.



Era evidente a sua perda de peso e, logicamente, a fragilidade da sua resistência física, fazendo com que os seus familiares passassem a sentir, prematuramente, as dores pungentes de um possível e angustiante desenlace. Mesmo assim, esforçavam-se para não perder as esperanças, conscientes de que cada ser humano está, inexoravelmente, sujeito à lei da ação e reação e haverá de receber o justo quinhão de que se faz merecedor, pois, assim sendo, terá a oportunidade de fazer brilhar a sua alma, por vezes, ainda tão distante do morno regaço de Jesus.

Por sua vez, Giovana mantinha-se ternamente ao lado do leito do filho, sendo sua fiel e amorosa acompanhante, ministrando-lhe, sempre que a oportunidade surgia, conhecimentos espirituais, falando-lhe sobre a missão redentora do Mártir da Cruz, procurando, assim, dulcificar o seu coração que, com o concurso da enfermidade, aos poucos, passara a demonstrar lampejos de sensibilidade e amor.

Seus irmãos, ao visitá-lo, empenhavam-se por distraí-lo com a jovialidade que os caracterizava, fazendo-o, por vezes, sorrir, esquecendo-se, momentaneamente, dos sofrimentos que dele não se afastavam um só instante.



Claudia fora quem mais sentira a enfermidade do irmão e, todas as vezes que retornava ao lar, após tê-lo visitado no hospital, prestamente, recolhia-se ao seu quarto e, de joelhos, ao lado da cama, com os olhos umedecidos pelas lágrimas, orava, pedindo a Jesus que o livrasse da doença que tanto o maltratava, devolvendo-lhe a saúde e a alegria de viver.

Os avós, diariamente, o visitavam, intentando envolvê-lo pelos laços da coragem e da esperança.

Todavia, pais e avós, ao se encontrarem a sós, monologando intimamente, sentiam estar se preparando para enfrentar, com bravura, a dolorosa e derradeira prova que, célere, se aproximava, e cujo único objetivo era o de fazê-los colher o fruto sazonado da redenção.

# EPÍLOGO

Os dias arrastavam-se morosos pelo calendário da vida, enquanto os minutos e as horas transformavam-se na "Via Crucis" por onde Carlos e os seus familiares, angustiosamente, trafegavam.

O jovenzinho, aos poucos, passara a não conseguir deglutir os alimentos, sendo impelido a recebê-los por meio do concurso da sonda que, por vezes, o feria, aumentando ainda mais o seu padecimento.

A palidez do seu rosto emagrecido, as olheiras profundas que o visitavam, os cabelos ralos, reflexo dos medicamentos recebidos e o seu veículo físico depauperado, retratavam a dura realidade de que a leucemia estava vencendo a batalha que, com Carlos, travava.

Definhando a olhos vistos, de uma hora para outra, seus olhos passaram a manter-se quase todo o tempo fechados, dando mostras de que a contenda entre a vida e a morte estava nos seus derradeiros momentos.

Em um morno final de tarde, quando os raios do astro-rei foram deixando de acarinhar aquelas plagas, todos os familiares do enfermo se postaram, silenciosamente, ao redor do leito hospitalar do qual se encontrava refém, pois pressentiam que o desenlace estava prestes a ocorrer.

Em dado momento, movidos pela compaixão e pelo amor, Enzo e Giovana se aproximaram ainda mais do adolescente e, inclinando-se, ternamente o beijaram, deixando que as lágrimas banhassem o rosto desfigurado do filho, delatando a dor pungente que enlaçava os seus corações de pais.

Em seguida, cada qual segurara, entre as suas, a mão quase inerte do adolescente, acariciando-a com intraduzível ternura, quando, então, Carlos, denotando esforço supremo, conseguira abrir os olhos e passeando, lentamente, o olhar por todos os seus familiares, sua alma sofrida, porém, naqueles instantes, lúcida, silenciosamente como que lhes suplicara:

— Perdoem-me, perdoem-me...

Naquele memorável instante, pais e avós, pelas vias sutis da intuição, como se houvessem escutado a dorida súplica de Carlos, emocionados, como que lhe responderam, pelas vias silenciosas das suas almas:

— Querido, estás por nós perdoado, perdoado...

Momentos após, o jovenzinho, lenta e definitivamente, fechara os olhos para o mundo da matéria, partindo para o além, ternurosamente acompanhado por Espíritos amigos que o conduziram para a devida colônia de refazimento, para, ali, recuperar-se dos doridos, porém redentores episódios que vivenciara.

Enquanto as lágrimas, incontidas, continuavam a emergir, delatando o sofrimento que transitava nos corações de todos os presentes, Giovana retirara da bolsa singela mensagem e, com a voz embargada pelas emoções, passara a lê-la, tendo a certeza de que, ao seu final, todos haveriam de sentir-se confortados, dando seguimento à vida.

Assim dizia a mensagem:

# “Sou Eu”

Cativo das tristezas, sofrimentos e dores
Trazia no meu peito enclausurados
Miríades de gritos mudos, clamores
Delatando meu pobre coração dilacerado.

Lágrimas deslizavam pelas minhas faces
Como que lavando minha alma combalida
Renitente, não aceitava o doloroso desenlace
Sentindo-me só, como nave perdida.

Meus olhos rasos d’água, avermelhados,
Demonstravam meus intensos padecimentos
Meu coração, como se estivesse estiletado
Espargia, tristeza, dor, atroz sofrimento.

Este ser humano, agora inerte, sem vida
Que eu amo com indizível profundidade
Sob fria lápide, por fim, encontrará guarida
Deixando como herança, pungente saudade.

Sutilmente me enlaçara a solidão
Amplexando-me com seus braços fortes
Perdidos, minha mente e o meu coração
Não conseguiam aceitar a morte.

Quando me encontrava prestes a desfalecer,
Consegui reunir minhas parcas energias
E num clamor mudo, como se estivesse a morrer,
De joelhos implorei a Jesus e a Virgem Maria.

Deem-me forças para conseguir transpor
Estes graves momentos de martírio cruel
Sem desespero, com compreensão e amor
Carregando, resignado, este pesado farnel.



Brisa suave, docemente acariciou minh'alma
Meus olhos espirituais entreveram viva claridade
Envolvido me senti por inquestionável calma
Como se ternos braços enlaçassem minha intimidade.

Ondas indizíveis refertas de paz e harmonia
Enredaram-me com seus doces perfumes
Era a compreensão, anunciando-me novo dia
Extirpando do meu ser todos os queixumes.

Nestes instantes de inenarrável emoção
Indaguei intimamente: quem assim me seduz?
Quando dúlcida voz adentrou meu coração
Dizendo-me: Sou Eu, filho de Maria, Jesus!

Finda a mensagem-poesia, a começar pelos pais, um por um dos presentes depositou seu terno beijo de despedida na face já sem vida de Carlos.

Ao mesmo tempo em que essas comoventes cenas se desenrolavam, Enzo, ternamente abraçado à esposa, com a voz embargada pela emoção e pela saudade, dissera:

—Vá, filho querido. Que Jesus te acompanhe.

Assim, unidos pelos laços aveludados do perdão, as vítimas e os algozes de outrora haveriam de continuar, aqui e acolá, suas respectivas romagens, tendo em suas intimidades a certeza de que haviam cumprido, com méritos, a missão a que se destinaram.

Ave, Cristo!

**Mundo Espiritual**
**Perguntas & Respostas**
Saara Nousiainen
14x21 cm | 256 Pág.

Obra simples, direta e elucidativa, abordando diversos temas relacionados à Doutrina Espírita, utilizando o método de perguntas e respostas.

**Nós e o Mundo**
**Espiritual**
Saara Nousiainen
12x15 cm | 208 Pág.

Tudo sobre o mundo espiritual e seu interrelacionamento conosco, nos milenares processos evolutivos do ser humano e da vida. Os ensinamentos de Jesus sob nova ótica e muitas outras questões.

**Chegou a Hora e Agora?**
**Trasição Planetária**
Saara Nousiainen
16x23 cm | 224 Pág.

Nesta obra, a autora, com seu estilo envolvente e esclarecedor, indica a melhor forma de nos prepararmos para os eventos referentes à transição planetária, além de nos capacitar a colaborar como presenças benéficas nos acontecimentos vindouros.

# OBRAS DE NELSON MORAES

**Um Roqueiro no Além**
Nelson Moraes/Zílio
14x21 cm | 128 Pág.

Roqueiro famoso, surpreendido pela morte prematura causada pelo uso abusivo de álcool e de drogas, se vê diante de uma realidade que jamais imaginara.

**Perdão**
**O Caminho da Felicidade!**
Nelson Moraes/Aulus
14x21 cm | 128 Pág.

O perdão é o verdadeiro caminho da felicidade. A obra narra episódios onde incompreensão e mágoa funcionam como cárceres mentais, atravancando o progresso moral do homem.

**Para Onde Iremos Após a Morte?**
Nelson Moraes
14x21 cm | 128 Pág.

Para onde vão as crianças? De que forma somos protegidos das "balas perdidas", dos acidentes, das enfermidades...? O Espírito Aulus através do médium Nelson Moraes, responde à interessantes perguntas.

**Einstein e Kardec**
**A conexão Entre a Ciência e a Fé**
Nelson Moraes
14x21 cm | 160 Pág.

Allan Kardec foi o cientista da alma, Albert Einstein deu alma à ciência! Desenvolveram nos corações uma religiosidade genuína, fundamentada em um conhecimento científico da natureza humana.

# OBRAS DE EDGARD ARMOND

**Os Exilados da Capela**
Edgard Armond
14x21 cm | 192 Pág.

A formação e evolução das raças no planeta Terra. Obra extraor-dinária que cuida das grandes indagações dos homens acerca do início da humanidade.

**Na Cortina do Tempo**
Edgard Armond
14x21 cm | 128 Pág.

Sobreviventes salvos da Atlântida preservam seus conhecimentos destinados à posteridade.

**Almas Afins**
Edgard Armond
14x21 cm | 160 Pág.

A trajetória de Espíritos afins desde a submersa Lemúria até os dias atuais.

## OBRAS DE ROBERTO DE CARVALHO

**Colhendo Bênçãos**
Roberto de Carvalho/Basílio
16 x 23 cm | 352 Pág.

Apresentando sintomas de doença terminal, Juliano é levado por sua noiva, Flora, a um Centro Espírita, onde recebe tratamento espiritual e é desvendada a perseguição de vingadores desencarnados.

**Uma História de Perdão**
Roberto de Carvalho/Basílio
14 x 21 cm | 224 Pág.

Falsamente acusado de haver cometido um crime, Elias cumpre longa pena num presídio. Marcado pelo ódio, encontra no espiritismo entendimento sobre as leis universais e a importância do perdão.

**Cabana das Flores**
Roberto de Carvalho/Basílio
14 x 21 cm | 224 Pág.

Prósperos fazendeiros, os integrantes da família Trajano foram inimigos na encarnação anterior. Sob as orientações de um médium curador, lutam para vencer os conflitos familiares e se perdoarem.

Campanha de Preservação da Vida
EDITORA ALIANÇA
Tema: ABORTO

Campanha de Preservação da Vida
EDITORA ALIANÇA
Tema: PREVENÇÃO AO SUICÍDIO